平台变革时代的传统企业
电子商务运营管理研究

池毛毛 著

科学出版社

北京

内 容 简 介

传统企业平台转型升级是大势所趋，但如何转？如何升？本书通过研究并探索传统企业在电商平台运营管理中的价值创造机制，针对当前传统企业在电商平台中的战略部署、能力重构和价值创造等方面问题，提供了从理论到实操、从战略到战术的整体解决方案。

本书适合管理信息系统或电子商务专业高年级本科生、研究生或相关研究人员阅读，还可以供政府和企事业相关管理人员与研究人员参考。

图书在版编目(CIP)数据

平台变革时代的传统企业电子商务运营管理研究/池毛毛著. —北京：科学出版社，2022.3
ISBN 978-7-03-071596-8

Ⅰ.①平… Ⅱ.①池… Ⅲ.①企业管理–电子商务–运营管理–研究 Ⅳ.①F274-39

中国版本图书馆 CIP 数据核字(2022)第 029921 号

责任编辑：陈　静　霍明亮/责任校对：胡小洁
责任印制：吴兆东/封面设计：迷底书装

科 学 出 版 社 出版
北京东黄城根北街 16 号
邮政编码：100717
http://www.sciencep.com
北京中科印刷有限公司 印刷
科学出版社发行　各地新华书店经销
*
2022 年 3 月第 一 版　开本：720×1000　1/16
2022 年 3 月第一次印刷　印张：10 3/4
字数：216 000
定价：98.00 元
(如有印装质量问题，我社负责调换)

前　言

随着近些年平台经济的崛起和我国传统企业开始大力渗入电商平台，本书前瞻性地开展高水平的理论探索和应用研究，旨在为数字时代传统企业电商平台的运营管理提供理论指导和经验借鉴。着眼于我国传统企业发展电商平台经济的最佳实践，本书探索传统企业在电商平台运营管理过程中战略部署、能力重构和价值创造的作用机理。本书通过对我国参与平台经济的传统企业的问卷调查和部分典型企业的实地访谈，揭示我国传统制造和服务企业如何在平台经济新环境下进行战略部署和能力重构，进而实现持续性竞争优势的新机制。

本书共 8 章。第 1 章为绪论部分，主要介绍本书的研究背景、框架、相关理论和数据。第 2 章和第 3 章为本书的第一篇，探讨企业电子商务平台运营战略的部署。第 4 章和第 5 章为本书的第二篇，探讨企业电子商务平台运营能力的重构，重点关注如何升级传统企业的电子商务平台相关能力。第 6 章和第 7 章为本书的第三篇，探讨企业电子商务平台运营的价值创造研究，聚焦传统企业加入电子商务平台后的价值创造机理。第 8 章为本书的结论部分，包括主要发现、研究贡献和研究展望。

本书的出版得到了华中师范大学信息管理学院和中国地质大学（武汉）经济管理学院的大力支持。在中国地质大学（武汉）赵晶教授领导的企业电子商务研究团队、华中师范大学青少年网络心理与行为教育部重点实验室常务副主任王伟军教授领导的电子商务用户行为研究团队的多年研究周期中，作者以第一作者身份在《管理科学学报》《南开管理评论》《中国管理科学》《管理科学》《管理工程学报》《管理评论》《科学学研究》《系统管理学报》《旅游学刊》《情报学报》，以及 *International Journal of Hospitality Management*, *International Journal of Contemporary Hospitality Management*, *International Journal of Information Management*, *International Journal of Mobile Communications*, *Industrial Management & Data System*, *Journal of Cleaner Production* 等重要中文期刊和英文期刊发表/录用学术论文 30 余篇，系列论文成果获第十二届湖北省社会科学优秀成果奖二等奖、专著获武汉市第十七次社会科学优秀成果奖三等奖。此外，团队中 20 多位博士、硕士研究生和本科生参与了系列研究工作，为本书的出版贡献了各自的研究力量，在此感谢他们的卓越付出。系列研究工作得到了相关政府部门、行业协会和企业的大力支持，为本书提供了极其珍贵的研究数据和案例。本书的研究还得到国家自然科学基金青年项目"电商平台演化对平台绩效的影响机理研究：基于复杂适应系统的视角"（71801104）的支持。国际合作研究人员还参与本书部分章节的讨论和工作论文的撰写。例如，爱荷华州立大学（Iowa State University）的 Joey George（2010～2011 年度国际信息系统协会主席）、麻省大学达特茅斯分校（University of Massachusetts Dartmouth）的 Rui Huang 对本书的部分研究提出了有益的建议。感谢他们的热情帮助和指导！

　　由于作者水平所限，加之电子商务平台的研究正处于高速发展和变化之中，书中不足之处在所难免，恳请专家、读者予以指正。

池毛毛

2021 年 12 月

目　　录

第一篇　战略部署

第三篇 价值创造

第1章 绪　　论

1.1　研　究　背　景

近年来，全球主要工业国的产业界、学术界和政府对"工业 4.0"描绘的宏大愿景迅速达成某种程度的共识，如中国制定的"中国制造 2025"和美国主张的制造业复兴等[1]。根据维基百科的定义，"工业 4.0"概念包含了由集中式控制向分散式增强型控制的基本模式转变，目标是建立一个高度灵活的个性化和数字化的产品与服务的生产模式。在这种模式中，传统的行业界限将消失，并会产生各种新的活动领域和合作形式。创造新价值的过程正在发生改变，产业链分工将被重组。"工业 4.0"相关政策的推行将有望振兴我国实体经济（尤其是制造行业）。而传统制造企业进行"工业 4.0"的关键是提升价值链的数字化和平台水平[2]。成功实现平台变革或数字化转型的制造企业将能快速实现产品和流程创新，并满足客户的个性化多变需求，进而形成可持续发展的竞争力[2,3]。例如，海尔集团借助 Teamcenter（基于模型的企业（model-based enterprise，MBE）的全生命周期管理平台）打造平台型企业，提高了新产品开发效率，支持全球化设计协同和供应链的运行。因此，传统企业如何在平台变革背景下开展运营管理成为迫在眉睫的问题。

目前许多传统企业也都开始进行平台变革，如自行发展新型电子商务平台或进入成熟电子商务平台，试图借此来获取平台经济所带来的红利。例如，Zara 公司的数字化平台运营使其能够快速完成从设计到成衣制造、人工熨烫、折叠、吊挂，甚至是自动化分类及装箱的整个流程，让一周内新货上架两次成为可能，极大地降低产品库存量①；通过与华为技术有限公司的合作，哈雷戴维森摩托车公司实现了所有生产线的互联互通，从而将生产管理精确到秒，每辆摩托车 1200 个左右零件只需要 89s 就能完成装配，客户在线下单到交付从原来的 21 天缩短到仅仅 6 小时②。然而，当今企业所面临的情景已经与几十年前有所不同，平台市场

---

① 吴玉征。人人都在谈的数字化转型，究竟该怎么去做？[EB/OL]. http://mt.sohu.com/20170220/ n481189637. shtml [2017-02-20]。

② 徐直军。数字化转型必成所有企业战略选择[EB/OL]. http://www.kejixun.com/article/160901/ 217706.shtml [2016-09-01]。

近些年所经历的动荡已远超传统企业过去三四十年[4]。

当前对于传统企业的电子商务平台运营管理研究主要集中在平台主体或平台生态的建设，对传统企业（大部分是中小企业）加入电子商务平台的运营管理研究比较少，尤其是缺乏从战略实施、能力形成和价值创造的新视角出发探索电商平台运营管理的新机制。在本书中，电子商务平台运营管理指的是，传统制造业和服务业的企业通过加入电子商务平台开展运营管理活动。在这种新的情景下，传统企业面临的环境越来越复杂，不确定性显著提高，如何有效进行电子商务平台的运营管理已经是学术和产业界急需解决的问题。

"在平台变革时代，传统企业如何在战略部署、能力重构和价值创造三方面实现有效的平台运营管理活动？"本书试图回答上述三个关键的问题。

1.2　本书框架

在平台变革时代，传统企业要成功实施电子商务平台运营管理，就要抛弃传统的管理思想，将战略部署、能力重构和价值创造视为整体运作过程。因此，电子商务平台运营管理依赖于战略部署、能力重构和价值创造等一系列的相互关联的过程。

本书着眼于当前传统企业在电子商务平台中的战略部署、能力重构和价值创造，研究并总结电子商务平台运营管理过程。通过 200 多家企业跟踪研究调查，并结合部分公开数据（如企业财务报表、市场化指数等），揭示我国传统制造与服务企业如何在电子商务平台的新环境中创造企业绩效和获取竞争优势的新机制。

除本章绪论和结论外，本书包括三篇六章，主要框架结构如图 1.1 所示。

第一篇为企业电子商务平台运营战略的部署，包括两章（第 2 章和第 3 章）。以内外部组织要素优化驱动运营管理能力形成为出发点，揭示电子商务平台运营管理和战略实施中电子商务（E-business，EB）战略联盟（简称 EB 战略联盟）和数字商务战略（digital business strategy，DBS）的相关活动。该篇的研究成果为传统企业进行数字商务战略实施等方面提供思路，也为这些企业如何在电子商务平台运营管理中实施战略与实现运营管理能力提供分析框架。

第二篇为企业电子商务平台运营能力的重构，包括两章（第 4 章和第 5 章）。该篇重点关注如何升级传统企业的电子商务平台相关能力，如平台双元性（platform ambidexterity，PA）和平台吸附能力。该篇介绍了电子商务平台相关能力的形成机制，有助于帮助管理者回答如何在电子商务平台背景下培养和构建相关能力。

第三篇为企业电子商务平台运营的价值创造，包括两章（第 6 章和第 7 章）。该篇聚焦传统企业加入电子商务平台后的价值创造机理。该篇的研究将为传统企业如何在电子商务平台新情景中创造和实现价值提供新思路。

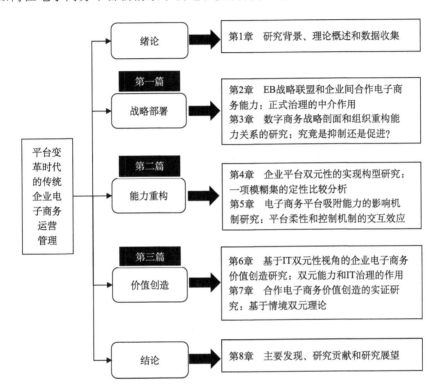

图 1.1　本书结构框架

表 1.1 总结了每一章的主要研究聚焦问题及研究贡献。详细内容请阅读后续章节。1.3 节和 1.4 节介绍本书涉及的理论基础及数据收集策略。

表 1.1　本书章节核心要点总结

	篇章要点	研究具体问题	主要研究方法
第一篇 战略部署	【第 2 章】 EB 战略联盟的影响机理	EB 战略联盟是如何影响企业间电子商务合作能力？	偏最小二乘法（partial least squares, PLS）结构方程
	【第 3 章】 数字商务战略剖面的影响	数字商务战略究竟是抑制还是促进组织重构能力？	似不相关回归分析（seemingly unrelated regressions, SUR）方法
第二篇 能力重构	【第 4 章】 企业平台双元性的实现	在复杂背景下，平台双元性是如何实现的？	基于模糊集的定性比较分析（fuzzy set qualitative comparative analysis, fsQCA）

续表

	篇章要点	研究具体问题	主要研究方法
第二篇 能力重构	【第5章】 电子商务平台吸附能力的影响机制研究	哪些因素影响电子商务平台吸附能力？	逐步层级回归
第三篇 价值创造	【第6章】 基于IT双元性视角的企业电子商务价值创造	从信息技术（information technology，IT）双元性视角，研究企业电子商务价值创造过程	有中介的调节效应
	【第7章】 基于情境双元的合作电子商务价值创造	从情境双元理论出发，研究合作电子商务价值创造	PLS结构方程

1.3　理　论　概　述

　　针对所涉及的相关理论，本书用战略部署、能力重构与价值创造三个篇章的内容，对IT-业务战略匹配（IT strategic alignment）、数字商务战略、组织双元能力、IT双元视角和平台治理（platform governance）五个与本书有关的核心理论进行简单梳理和介绍。在后续章节中，将详细介绍这些理论如何与具体的研究问题相结合。图1.2总结了五个主要理论在各篇章中的分布。

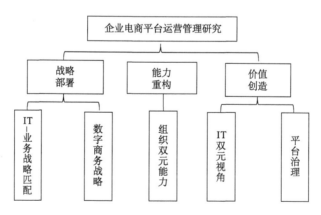

图1.2　本书三个篇章涉及的主要理论

1.3.1　IT-业务战略匹配

　　平台战略匹配是对IT-业务战略匹配的扩展和延伸，本书主要对IT-业务战略匹配的文献进行综述。IT-业务战略匹配作为信息系统（information systems，IS）领域研究的三大核心内容之一，被称为信息系统研究皇冠上的明珠（jewel in the crown）[5]。IT-业务战略匹配已经成为首席信息官（chief information officer，CIO）和首席执行官（chief executive officer，CEO）共同关心的议题，因为 IT-业务战略匹配的好坏会影响企业利润和销售额的增长[6,7]。经过 30 年左右的研究，文献[8]主要采用战略匹配模型（strategic alignment model，SAM）来解释 IT-业务战略匹配，并延伸到基于企业层视角的知识维度、社会维度、结构维度、文化维度等的战略匹配[9,10]。也部分研究了从微观层面提出流程和运作水平的 IT-业务战略匹配[6,9,11,12]。

当前也分别对 IT-业务战略匹配的测量和作用效果进行了一定的研究。首先，在 IT-业务战略匹配测量方面，文献[13]和[14]主要采用直接和间接两种方式对 IT-业务战略匹配进行测量。直接测量主要是采用量表测量 IT-业务战略匹配的状态。研究者开发利克特量表（Likert scale）来对 IT 和业务战略的匹配度（如业务和 IT 规划契合度、业务经理和 IT 经理知识共享与互相理解的程度等）进行认知度打分[14]。间接测量则主要对业务战略和 IT 战略分别进行评估。文献[15]主要采用 6 种主要匹配方式计算 IT 和业务战略的匹配度。其中，配对匹配（fit as matching）、调节匹配（fit as moderation）和模式匹配（fit as profile deviation）是信息系统研究中评估 IT-业务战略匹配的主要计算方法[5,11,16-18]。总体来说，相比直接测量方式，间接测量方式能够减少主观性和测量误差。然而，间接测量方式存在多种匹配计算方法，这导致了 IT-业务战略匹配和企业绩效关系的不一致结论。

然后，在 IT-业务战略匹配的作用效果方面，学术界普遍认为 IT-业务战略匹配是传统企业实施信息化和电子商务成功的关键[19,20]，它能促使企业 IT 投资与应用具有更强的战略性和目的性，从而更有效地利用 IT 来实现商业价值[11,21]。先前文献[11]也就 IT-业务战略匹配和企业绩效之间的关系进行了一定研究，试图解释其商业价值实现机制。研究认为匹配企业能够使 IT 相关资源和企业战略目标实现一致，并能够有效地利用 IT 资源把握市场机遇，从而增加利润和竞争优势[22]。然而，一些研究发现匹配并没有带来企业绩效的提升，有时甚至使其下降，这种现象称为匹配悖论[23]。研究认为匹配会导致战略刚性和竞争劣势。具体来说，匹配过程耗时、高成本和正式反应过程等限制了企业意识外部变化与对市场环境变化的反应，从而使其掉入刚性陷阱和竞争劣势[24,25]。这种匹配悖论说明目前研究对于 IT-业务战略匹配的具体作用效果还存在欠缺，需要进一步对 IT-业务战略匹配商业价值实现的机理进行探索。

随着平台技术（platform technology，PT）的日益普及，IT 被认为是依附于（或是滞后于）业务战略的观点受到了挑战[26,27]。数字商务战略认为 IT 不仅能对现有业务战略提供支持，还能够指导并部署将来的业务战略[26]。因此，在传统企业纷纷利用平台技术转向平台战略的背景下，研究还需要对 IT 战略匹配的概念和测量进行丰富与扩展，以体现出平台战略匹配的双元性（即平台技术支持现有业务流程活动的同时，还能够指导将来的业务流程活动），进而探索平台战略匹配的商业价值实现机理。

1.3.2 数字商务战略

数字商务战略概念[26,28]，即强调利用数字化资源来制定和执行组织战略，进而创造差异化商业价值。本书进一步将数字商务战略分为三个剖面（profiles），包括技术冗余剖面，即有充足的数字技术支持现有业务战略；商务冗余剖面，即缺乏数字化技术支持现有战略；匹配剖面，即数字化技术支持现有业务战略。通过数字商务战略的制定和实施，企业能够将相关数字资源（如大数据技术等）渗入企业生产服务的整个过程，并促进产品/服务和业务流程的互联[26]。相比先前研究本书主要将信息技术视为一种工具，企业的数字商务战略将会促进数字技术在企业管理活动中应用的深度和广度。因此，数字商务战略的实施将会加强企业对现有业务能力的反思和调整，进而促进全新业务流程的产生[29,30]。文献[28]和[31]将其也视为组织重构能力形成的重要动力。具体来说，在组织重构能力中包括了分别适应于"波浪"和"风暴"两种不同环境的动态能力（dynamic capability，DC）与即兴能力。

1.3.3 组织双元能力

关于组织双元理论的研究是管理领域的研究热点领域之一，主要包括三种双元性的方式，即接续式双元性（sequential ambidexterity）、结构双元性（structural ambidexterity）和情境双元性（contextual ambidexterity）[32,33]。接续式双元性认为组织实现双元性是根据时机在探索型创新和利用型创新两种组织结构中进行转换。为了满足创新和效率，企业需要根据时机转换其组织结构，来与组织战略匹配[34]。在面对急剧变化的环境时，接续式双元性可能会失效，企业需要同时开展探索型活动和利用型活动。因此提出了结构双元性，该视角主张组织采用双元结构来同时实现看似矛盾的不同需求[32]。例如，企业的一些业务单元关注于利用（exploitation）活动，强调对现有知识的利用；而另一些业务单元致力于探索（exploration）活动，强调探索新知识和变革[35]。然而，结构双元视角不仅增加了构建和保持不同组织单元的成本，还需要花费大量的时间平衡这些分散机构的策略。作为对结构双元视角的突破，提出情境双元性，认为不需要分离不同的组织结构，而可以通过文化、过程和惯例等管理能力，同时实现整合性和适应性[36]。他们认为组织可以通过结构设计允许个体决定其在探索和利用活动上的时间分配，进而实现双元性。因此，情境双元能够通过构建一系列流程鼓励个体做出自己的判断，即在整合性（alignment）和适应性（adaptability）上做出时间上的选择。三种双元性视角的比较详见表 1.2。

表 1.2 三种双元性视角的比较

对比点	接续式双元性	结构双元性	情境双元性
核心思想	依照时机转换探索型创新和利用型创新的不同组织结构	主张组织采用双元结构来同时实现看似矛盾的不同需求	通过文化、过程和惯例等管理能力，同时实现双元性（即整合性和适应性）
适用情景	稳定、缓慢变动环境；缺少资源的小型企业	拥有自治的结构单元；资源相对丰富的成熟企业	企业间或平台商务活动；动荡环境
局限性	在动荡的市场环境下难以应用	在平台商务活动或企业间商务活动中开展会遇到阻力：①不仅增加了构建和保持不同组织单元的成本，还需要花费大量的时间权衡这些分散机构的策略；②结构双元要求在核心企业和伙伴企业分别建立相关部门，这种跨企业部门的设立可能会受到参与企业的抵制，因为该过程要求伙伴改变某些程序、权威性和行动惯例	情境双元在实践上难以迅速复制
典型 IS 研究文献	IS 研究比较少	结构双元的研究较为广泛和深入，IS 代表研究有文献[37]和[38]	情境双元在 IS 领域应用还比较少，主要存在组织间信息系统（inter-organizational information system，IOIS）的文献中，如文献[39]与[40]

在激烈的平台竞争环境下，企业需要形成平台的情境双元性（平台双元），即整合性和适应性[36]。其中整合性可以帮助平台企业充分地利用现有相关资源和能力保障企业的生存；而适应性则反映平台企业能够在动荡的市场环境中探索商务机会和开展创新活动，从而保障企业的长远发展。不同于接续式双元性和结构双元性的过于强调通过不同的组织结构单元解决探索和利用的问题，情境双元性强调情境双元性平台和参与企业双方人员双元性思维的培养，不需要在平台和参与企业分别构建结构单元，降低了实现双元性的成本并减少了阻力，从而能够在动荡的市场环境下有效地实现企业在平台合作活动中的整合性和适应性。在组织间或平台情景中，接续式双元性不满足同时开展探索型和利用型活动的需求，而结

构双元性需要分别建立自治结构单元开展探索和利用活动，这样无形中增加了运营成本和协调难度。情境双元性能够有效地减少建立结构单元和协调不同结构单元的成本。因此，在组织间或平台情景下，相比接续式双元性和结构双元性，情境双元性更加有效。信息系统学者也对情境双元性在组织间商务管理中应用的合理性进行了详细讨论[39,40]。这种适合组织间或平台背景的平台双元最终能够帮助企业获取财务绩效，并维持企业生存和长远发展。

组织双元和企业绩效的关系已经得到许多研究的证实[36,37]。信息系统研究者主要关注如何通过信息技术构建双元性组织，并获取企业的长期竞争优势[41]。此类研究主要在供应链管理和 IT 外包等背景中开展。在供应链管理背景中，有研究分析不同 IT 使用类型（探索型和利用型）是如何影响企业绩效的[38,42,43]；也有研究基于情境双元理论，通过组织情境设计（包括 IT 设计和组织设计）来实现知识共享双元，进而获取关系价值的过程。文献[39]和[40]还从组织间信息系统使用的视角来研究组织间情境双元的前因。在 IT 外包背景中，文献[44]和[45]主要关注通过平衡关系治理（relational governance，RG）和正式治理（formal governance，FG）来开展 IT 外包服务，以及二者对系统开发双元性的影响机制。文献[46]基于能力构建的过程，分析在动荡环境下 IT 双元性影响运作双元性的作用过程。文献[41]还发现了双元性 IT 战略（即同时增加收益和降低成本）有利于企业绩效的获取。

1.3.4 IT 双元视角

近年来，组织双元性的研究开始受到学术界的关注。这种双元性视角要求组织不仅满足企业在现阶段的发展需求，还需要挖掘企业今后新的利润增长点[35]。因此，在面对以高度竞争和日益透明化为特征的数字化情景时，企业不仅需要在当前的市场获取利润维持企业生存，还需要为将来的发展进行准备。本书的双元性采取了更普遍的概念，包容两种看似矛盾的目标，即两者兼顾、双手灵巧，认为信息技术具备双元性，同时可以帮助企业增加收益并降低成本[41]。具体来说，电子商务价值的创造主要通过电子商务双元能力（e-business ambidextrous capabilities）的构建增加收益，并利用有效的 IT 治理降低数字化风险和成本，提升交易效率，从而实现电子商务价值。因此，企业利用电子商务双元能力和 IT 治理实现价值。

第一条企业电子商务价值获取路径以电子商务双元能力为核心。根据组织双元和动态能力理论[47,48]，本书提出"电子商务双元战略→电子商务双元能力→电子商务价值"的研究框架。其中，电子商务双元战略作为前因变量，电子商务双元能力作为中介变量,电子商务价值作为结果变量。这完整描述了双元战略如何通过组织双元能力为企业带来价值的过程。具体来说,电子商务双元能力是平衡探索和利用活动的一种动态能力,这种动态能力的实现需要企业同时对现有运作管理和未来商务机遇进行洞察与把握[49],这种平衡实施既能获得短期利润,又能获得长期可持续增长的双元战略,能够指导企业在运作层面实现双元性的具体操作和执行。最终组织双元性运作活动的实施又将会促进企业竞争优势的提升。

第二条企业电子商务价值获取路径以 IT 治理为核心。基于 IT 价值共创理论的治理视角[50],研究 IT 治理在电子商务价值创造过程中的互补作用,解释企业通过降低数字化风险和成本、提升交易效率来形成竞争优势的过程。针对核心企业和渠道伙伴的合作电子商务关系,本书主要采用契约治理(contractual governance,CG)和关系治理来降低合作中的数字化风险。这两种治理机制将促进双方原有资源和能力的整合(即增加资源禀赋),使得核心企业在企业间环境下具备充分资源和能力的同时实现利用与探索[47],进而提升电子商务适应性和整合性并增加竞争绩效(competitive performance,CP)。具体来说,基于关系观(relational view),组织内外部资源的互补性将能够帮助企业获取动态能力和竞争绩效[51]。组织双元战略和治理机制分别为核心企业的内外部资源,它们的互补将实现资源整合,可以帮助企业获取动态能力和竞争绩效。其中,契约治理对双元战略的互补主要基于其可以通过注重效率来最小化成本。而关系治理对双元战略的互补主要基于互利互惠和柔性来促进企业间信息共享而挖掘新的商务机会[52]。在这种高竞争和透明化的数字化背景下,企业仅仅追求一种目标或策略已经远远不够,需要将电子商务双元战略和外部关系资源(关系治理和契约治理)进行有效的匹配。Yin 和 Zajac[53]的研究也发现了组织战略和治理结构的适配对组织竞争力的正向影响。

1.3.5 平台治理

不同于公司治理和 IT 治理,平台治理是一个新兴的研究领域,目前学术界也未有对平台治理的一致性定义[54,55]。平台治理明确定价和参与者权利与义务的一系列规则[56]。在此基础上,平台治理又被定义为"谁为平台做什么决策?",包括三个方面的决策:决策权配置、控制和所有权[4,57,58]。平台治理的核心问题是如何建立起平台企业和平台参与者的关系管理机制,从而保持对平台整体性的足够控制,并激励平台参与者的创新。

基于交易成本经济学和关系契约理论[59],相关研究者在 IT 外包、供应链管理及软件开发平台中提出了利用控制机制或治理机制来防范合作伙伴的机会主义行为，从而保障双方合作活动的顺利开展[60-62]。其中，治理机制是一种内在且具体的管理与控制活动，详细描述了伙伴所要求的行为是如何激励、影响和建立的[63]，主要侧重在联盟关系的建立和维系，包括了契约治理和关系治理，前者强调合同和制度的重要性，后者则突出信任和社会准则等对合作关系的支持[64,65]；控制机制基于代理理论视角认为控制是管理代理的主要方式之一，买方（控制者）对卖方（被控制者）的控制是通过一系列共同使用的正式和非正式控制机制来实现的[45,66]，主要侧重于双方不对等的合作关系（如 IT 外包活动、平台主体和平台参与者等），包括了正式控制和非正式控制（也称为关系控制），其中正式控制主要依赖于明晰的合同；关系控制主要依赖于双方的信任。以往研究主要争论在：两种控制/治理方式对于供应链（联盟）整合、供应链（联盟）敏捷，以及企业绩效的作用是一种替代效应，还是一种互补效应，抑或是替代效应和互补效应共存[67-70]。因此，以契约和关系治理（控制）为主要方式的平台治理也将能够保障平台同时拥有足够的整合性和适应性，进而实现商业价值。而且在我国处于转型经济的背景下，契约治理和关系治理的作用可能还会受到制度和文化背景的影响而产生与西方国家不同的结果[71-73]。但在现有 IT 战略匹配的商业价值实现的研究中，没有学者分析这两种平台治理方式的干扰作用。因此，在研究平台战略匹配的商业价值实现路径中研究平台治理也是十分必要的。

1.4　数据收集策略

本书中的研究数据主要来自两个方面：企业调查及与企业相匹配的公开数据。企业调查主要采取访谈、调查问卷设计、发放调查问卷和回收的形式获得相关数据，被调查者主要是被调查公司的运营部门经理或 IT 部门经理。与企业相匹配的公开数据主要涉及两类：一是部分被调查企业的财务报表，主要取自 Oriana 亚太公司财务数据库①；二是部分被调查企业所在省份的市场化指数，主要选自樊纲等主编的《中国分省份市场化指数报告（2013—2015）》。

1.4.1　问卷数据

问卷调查范围为全国企业，主要针对其电子商务应用程度进行调查。该调查采用了预调查和大规模调查两阶段方法开展。预调查的目的是检验问卷的合理性

---

① Oriana 是一个提供亚太和中东地区 60 多个国家和地区内共计 5000 多万家公司的企业财务、经营信息及各行业发展情况的大型企业分析库，是全球最具权威性的亚太地区企业贸易投资信息检索库之一。

和有效性，并加以修正。在完成整体问卷设计之后（具体问卷题项设计依据请阅读后续章节），通常采用访谈、小范围填写及征求意见等几个阶段修正问卷。在得到稳定的初测结果后，才进行大规模调查。问卷调查的数据获取过程如下所示。

主要调查对象是具有完整分销渠道的制造、零售和服务企业（参与电商平台）。调查内容主要涉及焦点企业（focal firm）与分销渠道伙伴利用电子商务开展渠道管理合作的管理行为，包括商务需求确定、合作电子商务能力培育、组织商务能力形成（如敏捷、创新等）、环境不确定性及多种 IT 绩效表现。这一阶段的预调查的访谈工作主要在武汉市完成，参加预调查的企业包括神龙汽车有限公司等十多家企业。基本过程是，先与 IT/销售主管和高层经理进行面对面实地访谈，获取企业在分销渠道中的 IT 应用实践状况。同时，通过邮件的方式对东南沿海有长期合作关系的企业发放初测问卷。基于这些企业的反馈对问卷中指标的表述进行了修正，使其含义更加明确，确保被调查者能够更容易地正确理解问卷中调查题项，同时删减了不符合企业管理实践的指标，确保得到了既符合企业管理实践又满足问卷信度和效度要求的最终调查问卷。在此基础上，通过多种渠道（如政府机构、行业协会及担任中高层领导的校友）向全国信息化程度较高的分销企业发放问卷700 份。问卷均要求企业信息化部门和销售部门负责人配合填写。在具体研究时，根据问卷题项填写的完整程度或与公开数据匹配的完整性抽取了不同的企业问卷作为研究样本。

1.4.2 公开数据

本书所采用的匹配公开数据主要用于测量企业财务绩效及衡量企业所在区域的市场化水平。由于信息技术的应用被广泛地认为有一定的时间滞后性，并有研究发现电子供应链、电子客服等系统有 3 年左右的效用滞后。因此本书根据问卷调查中回收的企业名单，在 Oriana 亚太公司财务数据库找到与企业相匹配的财务绩效。一共收集到从问卷发放结束后三年间相关的企业财务绩效，对资产报酬率（return on assets，ROA）、资产周转率（income/assets，IN/A）等数据分别取了均值，用于表示信息技术应用后的 ROA 和 IN/A。该部分数据（简称 Oriana 财务数据）在第 2 章、第 4 章和第 5 章的研究中会涉及。

区域市场化指数是衡量一个区域市场化程度的重要指标。本书的相关数据选自樊纲等关于我国各地区市场化进程的研究。樊纲等从不同方面对各省（自治区、直辖市）、市、区的市场化进程进行全面比较，使用基本相同的指标体系对各地区的市场化进程进行持续的测度，从而提供了一个反映市场化变革的稳定的观测框架。采用客观指标衡量各省（自治区、直辖市）、市、区市场化改革的深度和广度，基本避免了主观评价。需要企业做出评价的指标是基于大样本的企业调查得出的，力求最大限度地避免随机误差的影响。基本概括市场化的各个主要方面，同时又避免把反映发展程度的变量与衡量市场体制的变量相混淆。该部分数据在第 3 章的研究中会使用。

表 1.3 为数据集汇总。

表 1.3　数据集汇总

数据 类型	数据集 简称	数据对象	回收样本量	数据描述
访谈和调查研究	问卷调查	参与电商平台的制造、零售和服务企业	231 份	量表：企业电子商务应用及市场竞争情况
公开 数据	Oriana 亚太公司 财务数据库	80 家配对企业	80 家配对企业财务数据	资产报酬率（ROA）、资产周转率（IN/A）等财务数据
	区域市场化指数	相关省（自治区、直辖市）、市、区的区域市场化指数	—	各省（区、直辖市）、市、区市场化指数总体评分

参 考 文 献

[1] 西门子工业软件公司. 工业 4.0 实战：装备制造业数字化之道[M]. 北京：机械工业出版社，2016.

[2] 方晓霞，杨丹辉，李晓华. 日本应对工业 4.0：竞争优势重构与产业政策的角色[J]. 经济管理，2015, 37(11): 20-31.

[3] 刘渊，刘森，瞿文光. 云计算对企业竞争优势的影响——企业生命周期和市场动荡性的调节作用[J]. 情报学报，2014, 33(8): 824-836.

[4] Tiwana A. Platform Ecosystems: Aligning Architecture, Governance, and Strategy[M]. Amsterdam: Elsevier Inc., 2014.

[5] Coltman T, Tallon P, Sharma R, et al. Strategic IT alignment: Twenty-five years on[J]. Journal of Information Technology, 2015, 30(2): 91-100.

[6] Gerow J E, Grover V, Thatcher J, et al. Alignment's nomological network: Theory and evaluation[J]. Information and Management, 2016, 53(5): 541-553.

[7] Luftman J, Lyytinen K, Zvi T B. Enhancing the measurement of information technology (IT) business alignment and its influence on company performance[J]. Journal of Information Technology, 2017, 32(1): 26-46.

[8] Henderson J C, Venkatraman N. Strategic alignment: Leveraging information technology for transforming organizations[J]. IBM Systems Journal, 1993, 32(1): 4-16.

[9] Gerow J E, Grover V, Thatcher J, et al. Looking toward the future of IT-business strategic

alignment through the past: A meta-analysis[J]. MIS Quarterly, 2014, 38(4):1159-1185.

[10] 张延林, 肖静华, 谢康. 信息系统与业务战略匹配研究述评[J]. 管理评论, 2014, 26(4): 154-165.

[11] Tallon P P, Pinsonneault A. Competing perspectives on the link between strategic information technology alignment and organizational agility: Insights from a mediation model[J]. MIS Quarterly, 2011, 35(2):463-486.

[12] 王念新, 贾昱, 葛世伦, 等. 企业多层次信息技术与业务匹配的动态性——基于海尔的案例研究[J]. 管理评论, 2016, 28(7): 261-272.

[13] Luo J, Wu Z, Huang Z, et al. Relational IT governance, its antecedents and outcomes: A study on Chinese firms[C]. International Conference on Information Systems, Dublin, 2016.

[14] Preston D S, Karahanna E. Antecedents of IS strategic alignment: A nomological network[J]. Information Systems Research, 2009, 20(2): 159-179.

[15] Venkatraman N. The concept of fit in strategy research: Toward verbal and statistical correspondence[J]. The Academy of Management Review, 1989, 14(3): 423-444.

[16] Tallon P P, Queiroz M, Coltman T, et al. Business process and information technology alignment: Construct conceptualization, empirical illustration, and directions for future research[J]. Journal of the Association for Information Systems, 2016, 17(9): 563-589.

[17] Tallon P P. A process-oriented perspective on the alignment of information technology and business strategy[J]. Journal of Management Information Systems, 2007, 24(3): 227-268.

[18] Tallon P P. Does IT pay to focus? An analysis of IT business value under single and multi-focused business strategies[J]. Journal of Strategic Information Systems, 2007, 16(3): 278-300.

[19] Chan Y E, Reich B H. IT alignment: What have we learned?[J]. Journal of Information Technology, 2007, 22(4): 297-315.

[20] Wu S P J, Straub D W, Liang T P. How information technology governance mechanisms and strategic alignment influence organizational performance: Insights from a matched survey of business and IT managers[J]. MIS Quarterly, 2015, 39(2): 497-518.

[21] Oh W, Pinsonneault A. On the assessment of the strategic value of information technologies: Conceptual and analytical approaches[J]. MIS Quarterly, 2007, 31(2): 239-265.

[22] Cumps B, Martens D, Backer M D, et al. Inferring comprehensible business/ICT alignment rules[J]. Information and Management, 2009, 46(2): 116-124.

[23] Tallon P P. The alignment paradox[J]. CIO Insight, 2003, 1(47): 75-76.

[24] Chen L. Business-IT alignment maturity of companies in China[J]. Information and Management, 2010, 47(1): 9-16.

[25] Chi M, Zhao J, George J F. Mediation and time-lag analyses of E-alignment and E-collaboration capabilities[J]. Industrial Management and Data Systems, 2015, 115(6):1113-1131.

[26] Bharadwaj A, El Sawy O A, Pavlou P A, et al. Digital business strategy: Toward a next generation of insights[J]. MIS Quarterly, 2013, 37(2): 471-482.

[27] Leischnig A, Woelfl S, Ivens B S. When does digital business strategy matter to market performance?[C]. International Conference on Information Systems, Dublin, 2016.

[28] Leischnig A, Wölfl S, Ivens B, et al. From digital business strategy to market performance: Insights into key concepts and processes [C]. International Conference on Information Systems, Seoul, 2017.

[29] Svahn F, Mathiassen L, Lindgren R. Embracing digital innovation in incumbent firms: How Volvo cars managed competing concerns[J]. MIS Quarterly, 2017, 41(1): 239-253.

[30] Nambisan S, Lyytinen K, Majchrzak A, et al. Digital innovation management: Reinventing innovation management research in a digital world[J]. MIS Quarterly, 2017, 41(1): 223-238.

[31] Pavlou P A, El Sawy O A. The "Third Hand": IT-enabled competitive advantage in turbulence through improvisational capabilities[J]. Information Systems Research, 2010, 21(3):443-471.

[32] O'Reilly C A, Tushman M L. Organizational ambidexterity: Past, present, and future[J]. Academy of Management Perspectives, 2013, 27(4): 324-338.

[33] 韩杨, 罗瑾琏, 钟竞. 双元领导对团队创新绩效影响研究——基于惯例视角[J]. 管理科学, 2016, 29(1): 70-85.

[34] Duncan R B. The Ambidextrous Organization: Designing Dual Structures for Innovation[M]. New York: North Holland, 1976.

[35] 凌鸿, 赵付春, 邓少军. 双元性理论和概念的批判性回顾与未来研究展望[J]. 国外经济与管理, 2010, 32(1): 25-33.

[36] Gibson C B, Birkinshaw J. The antecedents, consequences, and mediating role of organizational ambidexterity[J]. Academy of Management Journal, 2004, 47(2): 209-226.

[37] 梅姝娥, 许军. 合作型企业间电子商务模式与价值创造研究[J]. 管理科学学报, 2013, 16(5): 55-68.

[38] Sanders N. Pattern of information technology use: The impact on buyer-suppler coordination and performance[J]. Journal of Operations Management, 2008, 26(3): 349-367.

[39] Im G, Rai A. IT-enabled coordination for ambidextrous interorganizational relationships[J]. Information Systems Research, 2014, 25(1): 72-92.

[40] Im G, Rai A. Knowledge sharing ambidexterity in long-term interorganizational relationships[J]. Management Science, 2008, 54(7): 1281-1296.

[41] Mithas S, Rust R T. How information technology strategy and investments influence firm performance: Conjecture and empirical evidence[J]. MIS Quarterly, 2016, 40(1): 223-245.

[42] Subramani M. How do suppliers benefit from information technology use in supply chain relationships?[J]. MIS Quarterly, 2004, 28(1): 45-73.

[43] 赵付春, 凌鸿. IT 对组织流程双元性的影响研究——基于中国信息化 500 强榜单企业的面板数据分析[J]. 研究与发展管理, 2011, 23(2): 85-94.

[44] Cao L, Mohan K, Ramesh B, et al. Evolution of governance: Achieving ambidexterity in IT outsourcing[J]. Journal of Management Information Systems, 2013, 30(3): 115-140.

[45] Tiwana A. Systems development ambidexterity: Explaining the complementary and substitutive

roles of formal and informal controls[J]. Journal of Management Information Systems, 2010, 27(2): 87-126.

[46] Lee O K, Sambamurthy V, Lim K H, et al. How does IT ambidexterity impact organizational agility?[J]. Information Systems Research, 2015, 26(2): 398-417.

[47] Raisch S, Birkinshaw J. Organizational ambidexterity: Antecedents, outcomes, and moderators[J]. Journal of Management, 2008, 34(3): 375-409.

[48] O'Reilly C A, Tushman M L. Ambidexterity as a dynamic capability: Resolving the innovator's dilemma[J]. Research in Organizational Behavior, 2008, 28(2): 185-206.

[49] Kristal M M, Huang X, Roth A V. The effect of an ambidextrous supply chain strategy on combinative competitive capabilities and business performance[J]. Journal of Operations Management, 2010, 28(5): 415-429.

[50] Grover V, Kohli R. Cocreating IT value: New capabilities and metrics for multifirm environments[J]. MIS Quarterly, 2012, 36(1): 225-232.

[51] Dyer J H, Singh H. The relational view: Cooperative strategy and sources of interorganizational competitive advantage[J]. Academy of Management Review, 1998, 23(4): 660-679.

[52] 高展军, 江旭. 联盟公平的工具效应及其对合作绩效的影响——被中介的调节效应研究[J]. 南开管理评论, 2016, 19(2):145-156.

[53] Yin X, Zajac E J. The strategy/governance structure fit relationship: Theory and evidence in franchising arrangements[J]. Strategic Management Journal, 2004, 25(4): 365-383.

[54] 郑称德, 于笑丰, 杨雪, 等. 平台治理的国外研究综述[J]. 南京邮电大学学报(社会科学版), 2016, 18(3): 26-41.

[55] 徐晋, 张祥建. 平台经济学初探[J]. 中国工业经济, 2006, (5): 40-47.

[56] Eisenmann T, Parker G G, van Alstyne M. Strategies for two-sided markets[J]. Harvard Business Review, 2006, 84(10): 92-101.

[57] Tiwana A. Evolutionary competition in platform ecosystems[J]. Information Systems Research, 2015, 26(2):266-281.

[58] Tiwana A, Konsynski B, Bush A A. Platform evolution: Coevolution of platform architecture, governance, and environmental dynamics[J]. Information Systems Research, 2010, 21(4): 675-687.

[59] Macneil I R. Contracts: Adjustment of long-term economic relations under classical, neoclassical and relational contract law[J]. Northwestern University Law Review, 1977, 72(6): 854-905.

[60] Zhao X, Huo B, Selen W, et al. The impact of internal integration and relationship commitment on external integration[J]. Journal of Operations Management, 2011, 29(1/2):17-32.

[61] 朱树婷, 仲伟俊, 梅姝娥. 企业间信息系统治理的价值创造研究[J]. 管理科学学报, 2016, 19(7): 60-77.

[62] 李苗, 庄贵军, 张涛, 等. 企业间关系质量对关系型渠道治理机制的影响:企业 IT 能力的调节作用[J]. 营销科学学报, 2013, (1): 79-89.

[63] Hoetker G, Mellewigt T. Choice and performance of governance mechanisms: Matching alliance governance to asset type[J]. Strategic Management Journal, 2009, 30(10):1025-1044.

[64] 邓春平, 毛基业. 关系契约治理与外包合作绩效——对日离岸软件外包项目的实证研究[J]. 南开管理评论, 2008, 11(4): 25-33.

[65] 冉佳森, 谢康, 肖静华. 信息技术如何实现契约治理与关系治理的平衡——基于 D 公司供应链治理案例[J]. 管理学报, 2015, 12(3): 458-468.

[66] Tiwana A, Konsynski B. Complementarities between organizational IT architecture and governance structure[J]. Information Systems Research, 2010, 21(2): 288-304.

[67] Cao Z, Lumineau F. Revisiting the interplay between contractual and relational governance: A qualitative and meta-analytic investigation[J]. Journal of Operations Management, 2015, 33-34(1):15-42.

[68] Huber T L, Fischer T A, Dibbern J, et al. A process model of complementarity and substitution of contractual and relational governance in IS outsourcing[J]. Journal of Management Information Systems, 2013, 30(3): 81-114.

[69] Chi M, Zhao J, George J F, et al. The influence of inter-firm IT governance strategies on relational performance: The moderation effect of information technology ambidexterity[J]. International Journal of Information Management, 2017, 37(2): 43-53.

[70] 张钰, 刘益, 李瑶. 营销渠道中控制机制的使用与机会主义行为[J]. 管理科学学报, 2015, 18(12): 79-92.

[71] Bai X, Sheng S, Li J J. Contract governance and buyer-supplier conflict: The moderating role of institutions[J]. Journal of Operations Management, 2016, 41(1): 12-24.

[72] Li Y, Xie E, Teo H H, et al. Formal control and social control in domestic and international buyer-supplier relationships[J]. Journal of Operations Management, 2010, 28(4): 333-344.

[73] 高皓, 朱涛, 张晶, 等. 中国企业 IT 治理机制的实证研究[J]. 科学学与科学技术管理, 2010, 31(4): 162-167.

第一篇　战略部署

第 2 章　EB 战略联盟和企业间合作电子商务能力

在数字化普及的今天，企业的竞争已经由单个企业转移到企业联盟、供应链乃至企业生态圈的竞争。因此如何获得企业间合作电子商务能力成为目前企业关心的实际问题。传统 IT/IS 战略联盟研究分析了信息技术如何与企业内业务流程融合，而组织间信息系统研究则从技术视角分析电子数据交换（electronic data interchange，EDI）等组织间技术如何构建和采纳的问题。至今尚没有研究从电子商务战略联盟视角探究企业间合作电子商务能力的获取路径。本章基于 IT/IS 战略联盟、组织间信息系统，以及治理机制等研究成果提出 EB 战略联盟-正式治理-企业间合作电子商务能力的作用路径，并使用 PLS 结构方程技术对收集的 213 个企业层问卷数据进行分析，研究发现：①EB 战略联盟是企业间合作电子商务能力的触发器；②正式治理是 EB 战略联盟和企业间合作电子商务能力之间的桥梁；③合作时间对正式治理和知识共享能力的关系起到正向调节作用。本章扩展了 IT/IS 战略联盟的研究，同时也为企业管理者在从战略和管理层面如何构建企业间合作电子商务能力的问题上提供了具体的指导建议。

2.1　概　　述

当前，电子商务企业竞争，已经不是单个企业各自为战，而是更多的企业开始与伙伴合作创造价值，例如，摩托罗拉公司通过基于 IT 的 CPFR（collaborative planning forecasting and replenishment，合作计划、预测与补给）系统，与其移动零售商实行共同预测和补货，并共同参与各自企业内部事务的计划工作。应用 CPFR 系统为合作双方带来了巨大的收益，例如，摩托罗拉公司减少了大量库存成本，零售商得到源源不断的产品[1]。因此，在数字化时代，企业如何应用信息技术获取合作电子商务能力成为企业成功的关键。合作电子商务能力的获取是非常复杂的过程[2]，在这个过程中，企业需要综合应用企业间知识共享、能力互补、资产利用以及治理机制来获取竞争优势。

目前信息系统的研究分别从 IT 技术视角，以及 IT 战略联盟的角度研究基于 IT 的合作问题。其中，基于 IT 技术的视角主要是组织间信息系统（IOIS）的研究，该研究主要集中于 IOIS 的采纳及 IOIS 的绩效影响[3]。一类研究聚焦于 IOIS

采纳前因，包括企业间因素、组织因素和技术因素，如 Lai 等[4]发现了组织间信息系统的可用性、可靠性、有效性、审计和核实机制，以及相互操作等特性对于 IOIS 采纳具有正向作用。另一类研究则主要强调的是 IOIS 实施后给组织带来直接和间接利益以及流程变革[3]，例如，Clark 和 Stoddard[5]主张只有重视技术创新与流程创新，企业才能获得最大的利益。IT 战略联盟，则强调组织对商务资源和 IT 资源的规划/配置应该保持高度匹配，这样才利于组织间信息系统的执行，从而产生企业绩效[6-10]。例如，Setia 和 Patel[7]认为 IT 战略联盟将有利于将 IS 技术形成企业所需的运作能力，从而有利于开展合作商务，并和伙伴合作创造价值。俞东慧等[11]则基于 Henderson 和 Venkatraman[12]提出的战略匹配模型，通过美国联合包裹运送服务公司（UPS）和 FedEx 的案例研究，提出了不同环境下战略匹配模型的运用路径。

本章基于 IT 战略联盟的概念[6,8]提出 EB 战略联盟，定义为在组织间背景下，企业电子商务技术和商务战略的匹配。与 IT 战略联盟仍将 IT 作为商务战略的支撑和附属不同，EB 战略联盟强调电商技术和商务战略的融合机制，在有些情况下电子商务技术甚至可以促使企业商务战略的调整[13]；另外，根据跨企业合作和电子商务技术特性，本章提出流程合作能力（process collaborative capabilities，PC）和知识共享能力（knowledge sharing capabilities，KS）两类企业间合作电子商务能力（下面简称合作电子商务能力），这两种电子商务能力是新兴电子商务背景下企业的数字化期权[14]。其中流程合作能力强调核心企业同伙伴在在线商务流程上的电子化合作程度[2,14]；而知识共享能力则反映核心企业同伙伴在市场、产品、业务等知识上的在线共享能力[2,14]。本章探索 EB 战略联盟如何影响合作电子商务能力的产生。为了研究企业间因素对电子商务能力形成的作用，我们还引入了正式治理和合作时间[2]，研究它们在能力形成过程中的作用，其中，正式治理为 EB 商务战略和合作电子商务能力的中介因素，即 EB 商务战略首先影响组织的企业治理机制，从而形成合作电子商务能力；而合作时间则在正式治理和合作电子商务能力之间起到调节作用，主要探索的是合作时间的长度是否会影响正式治理对合作电子商务能力的作用关系。

为了论证研究模型，本章采用问卷调查的方法，共回收有效问卷 213 份。研究应用 Smart PLS 结构方程分析 EB 商务战略-正式治理-企业间合作电子商务能力的作用路径。本章的贡献体现在三个方面：①将 IT 商务战略联盟的研究引入企业间电子商务情景中；②首次提出合作电子商务能力的两个维度，即流程合作能力和知识共享能力；③在 EB 商务战略和合作电子商务能力之间引入正式治理与合作时间等跨组织变量，解释了 EB 商务战略对合作电子商务能力的复杂作用机理。

2.2　理　论　构　建

2.2.1　基于 EB 战略联盟的企业间合作电子商务能力构建

IT 战略联盟，即 IT 和商务战略的匹配程度[12]，是研究者和企业管理人员普遍关心的 IT 管理问题。IT 和商务战略的契合通过提升组织的敏捷度、建立制度保障等实现[9]，促进企业开展 IT 相关合作业务。基于在企业间开展合作电子商务的背景，本章提出电子商务战略联盟的概念，它是电子商务技术和企业商务战略的匹配，它在战略层面上为构建合作电子商务能力提供了技术和商务的准备。

另外，正式治理来源于治理机制，主要是针对企业间合作中如何减少机会主义的行为及协调跨组织的资源达到最优组合这两个问题。正式治理则是核心企业和伙伴通过硬性、明晰、正式、书面的治理机制来管理合作关系[15-18]。其中，Han 等[16]研究开放创新联盟（open innovation alliances）中新兴 IT 技术的共同开发利用。这些企业联盟目的是共同创造基于 IT 的价值。其中他们考虑一个治理结构（governance structure）实现开放性、自我管理、自我监控，并限制了企业机会主义的行为。在企业间电子商务背景下，正式治理直接关系到核心企业和伙伴电子化合作关系的建立与维持。因此，它的有效建立必然有利于双方获取合作电子商务能力。

同时，EB 战略联盟有利于核心企业认识到开展合作电子商务，以及获取合作电子商务能力的重要性。因此 EB 战略联盟的形成有利于合作双方获取合作电子商务能力。另外，EB 战略联盟会促进企业建立有效的治理机制，从而保障获得合作电子商务能力。最后，我们通过合作时间长短这个调节变量来考察正式治理到合作电子商务能力的作用机制，双方合作时间越长越有利于正式治理对合作电子商务能力产生正向作用，一般来说合作时间越长，合作机制越趋于成熟和规范，就越有利于合作电子商务能力的产生。

2.2.2　两类合作电子商务能力

合作电子商务能力是企业通过电子商务技术开展在线合作商务活动[2,19]，具体包括流程合作能力和知识共享能力[2,14]，其中，流程合作能力是基于 IT 的组织间业务流程能力，该能力的提升将有利于业务活动中信息的传递和整合，包括顾客信息获取、订单完成、产品创新，及无缝信息流的形成等[20]。因此，流程合作能力是合作电子商务能力在业务流程上的现实体现。例如，当我们使用 Ebay 在线拍卖服务时，企业的活动其实已经与一系列伙伴的流程整合起来了，包括支付过程（如 PayPal，类似于支付宝）、运输过程（如联邦快递）业务流程（如通过 Ebay 在线销售的商家）[14]。

　　知识共享能力则是组织间的 IT 使能的知识储备和系统交互，从而产生技能和视角方面的知识共享[14]。这主要反映的是合作价值获取过程中知识共享层的重要性[2]。例如，通过 CPFR 技术的知识共享，摩托罗拉公司提供了供应商管理库存（vendor managed inventory，VMI）系统，为此供应商（即摩托罗拉公司）拥有零售商商店的库存信息，并保证货源的充足性[1,2]。零售商分享其销售数据和产品知识的动因是基于他们的柜台将会有充分的货源。类似地，通过共享分析和 CPFR 知识，摩托罗拉公司也从零售商那学习到了需求的周期波动，以及顾客偏好的变化等信息，这些将有利于摩托罗拉公司改进其库存计划及未来手机模型的设计[1,2]。因此，流程合作能力和知识共享能力共同构成了合作电子商务能力，体现的是组织间合作情景下，IT 技术对于组织间业务流程、知识共享和创造等方面的使能作用。

2.3　研究模型和假设

　　基于以上的分析，本章模型中包括了 EB 战略联盟、正式治理、流程合作能力、知识共享能力和合作时间等 5 个构念，并提出 6 个研究假设。主要探究 EB 战略联盟获取合作电子商务能力（即流程合作能力和知识共享能力）的作用机制（图 2.1）。其中，正式治理作为中介变量，而合作时间则在正式治理和合作电子商务能力间起到调节作用。接下来将从三个方面提出研究假设。

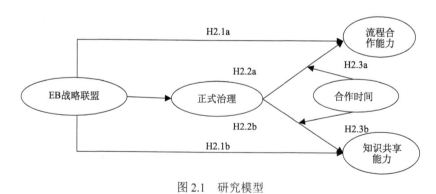

图 2.1　研究模型

2.3.1　EB 战略联盟对合作电子商务能力的直接作用

前面关于 IS/IT 战略联盟的研究主要关注于联盟的前因，例如，Reich 和 Benbasat[21]发现共享主体知识、IT 执行成功、商务和 IT 经理的交流，以及商务和 IT 规划的链接影响短期联盟。Preston 和 Karahanna[22]认为 CIO 与高层管理层共享理解是 IS 战略联盟的重要前因。而关于 IS/IT 战略联盟的结果研究，主要聚焦于联盟和企业绩效的研究，例如，Oh 和 Pinsonneault[23]应用响应面分析方法发现相比低战略联盟，高战略联盟会导致较高的企业财务绩效。实际上，IT 战略联盟和企业绩效间还有许多复杂的中介因素[9]。因此，本章认为，在产生企业绩效前，EB 战略联盟会首先影响企业信息运作能力，Setia 和 Patel[7]就认为 IT 战略联盟将有利于将 IS 技术形成企业所需的运作能力。而流程合作能力和知识共享能力作为合作电子商务能力的重要组成部分，是企业间开展电子化合作的重要运作能力。另外，作为传统运动品牌的 Nike 公司，通过实施 EB 战略联盟与 Apple 公司合作，建立起基于 Apple iOS 的数字化产品开发（如 Nike + iPod），从而促进双方实现了业务流程合作和知识共享，最终也为两家企业带来了额外的经济利益[13]。因此，本节提出以下假设。

H2.1a：在企业间合作背景下，EB 战略联盟促进流程合作能力的形成。

H2.1b：在企业间合作背景下，EB 战略联盟促进知识共享能力的形成。

2.3.2　正式治理的中介作用

正式治理是组织间的管理控制因素，它以一种正式合作契约的形式保障企业开展各种跨企业合作[15]，通过它有利于组织间信息系统和业务流程的整合，从而促进形成流程合作能力和知识共享能力。进一步，通过合同或契约的形式，规定企业间合作的技术和惯例细节，还能减少合作后期不必要的协调和运营成本，并且还可以规避合作任何一方的投机行为[18]。因此，正式治理为合作电子商务能力形成提供了制度上的保障。

另外，通过 EB 战略联盟的加强，将会产生一系列的正能量促进或保障企业间合作电子商务能力的产生。其中就包括了正式治理机制的建立和完善。在 EB 战略联盟建立的过程中，核心企业 IT 和商务管理层明确了开展合作电子商务的必要性，有利于进一步达成保障企业间合作的正式治理机制。也就是说，只有企业的技术和业务层管理者双方达成共识，才可能进一步和商业伙伴来讨论与建立正式治理机制，进而保障顺利开展合作电子商务。因为正式治理机制的最终结果是形成规范性契约或合同，这只有在企业高层普遍认同时才能实现，因此 EB 战略

联盟是正式治理机制形成的重要前提。根据以上分析，本节提出正式治理的两个中介作用假设，即

H2.2a：正式治理在 EB 战略联盟和流程合作能力中起到中介作用。

H2.2b：正式治理在 EB 战略联盟和知识共享能力中起到中介作用。

2.3.3　合作时间的调节作用

合作时间表示的是核心企业和伙伴开展合作电子商务的时间长度[24]。一般来说，中国企业在合作之初主要通过非正式（如"关系"）的方式小范围试水，因为他们认为这种小规模的合作没有必要制定一个复杂的契约[17]。只有当合作时间到达一定长度，正式治理（如正式契约或合同）才用于管理更大规模的合作。Li 等[17]也发现了在中国企业实践中，合作时间越长越有利于正式治理发挥作用。例如，作为中国商人的代表，温州商人在和伙伴进行长期合作时往往也重正式合同，而轻口头承诺和关系。因此，我们认为，合作时间在正式治理和企业间合作电子商务能力间起到了正向的调节作用，于是本节提出如下假设。

H2.3a：双方合作时间越长，越有利于正式治理产生流程合作能力。

H2.3b：双方合作时间越长，越有利于正式治理产生知识共享能力。

2.4　研　究　设　计

本书分别在探索性阶段和验证性阶段使用了案例研究与问卷研究。在探索性阶段，通过与企业管理人员的访谈获得了必要的定性数据，这些也有助于我们研究和验证问卷量表。

问卷设计主要根据研究模型框架，参考国内外相关研究采用的量表，结合管理实践对这些量表做出调整并修正部分语言表达，以此得到初步的调查问卷。具体过程如下：由于这些量表多数发表在信息系统领域的国际顶尖英文期刊，所以首先由 6 名电子商务专业硕士研究生将相关的量表由英文翻译成中文；然后由两名博士研究生分别将中文译文再回译为英文，通过对比中英文互译的契合程度确定语义的准确性。在此基础上，根据研究内容结合企业管理实践对量表做出调整，并修正部分语言表达。模型中部分变量没有研究量表可供参考，这部分量表在企业访谈及对企业实践考察的基础上设计完成。

2.4.1　相关构念

研究主要包括 EB 战略联盟、正式治理、流程合作能力、知识共享能力和合

作时间构念，我们分别根据相关文献、企业访谈等构建这些变量并进行测量。

（1）EB 战略联盟。根据 Tallon 和 Pinsonneault[9]提出的方法，我们采用针对下游流程的 EB 技术和商务战略的调节得分测量 EB 战略联盟。其中 EB 技术通过在与下游伙伴进行合作中，在商务流程、商务数据和商务活动的比率测量[25,26]；商务战略则采用利克特七点量表（Likert 7 point scale）测量，具体包括与合作伙伴拓展新市场，有利于 Internet 利用商务机遇，以及提升市场反应等[27]。通过/利用 fit as matching 的方法，得到 EB 战略联盟的数据。具体方法如下：首先，计算 EB 技术和商务战略的均值，并做中心化处理（主要避免后续 PLS 结构方程出现较大的共线性问题）；其次，将 EB 技术和商务战略的均值相乘得到调节得分，即代表每个企业的 EB 战略联盟水平。通过对该变量进行描述性统计分析，我们发现数据符合正态分布。

（2）正式治理主要是测量企业和下游伙伴利用规范性合作制度，保障双方开展合作电子商务的程度，分别测量了双方合作协议、IT 应用方案，以及 IT 规划等方面的开展程度[15]。也采用利克特七点量表进行测量。

（3）流程合作能力反映的是企业和下游伙伴在跨企业业务流程上的合作，如联合解决问题等[14]，包括 6 个指标，即企业与伙伴开展在线共享、在线信息查询、在线即时更新、在线管理决策、在线客户服务和网上社区等[28-30]，该变量采用利克特七点量表进行测量。

（4）知识共享能力反映的是企业和下游伙伴的在线分享知识的能力[14]，包括 4 个指标，即企业与伙伴分享市场动态、客户需求、双方合作，以及营销技巧等方面的知识[26,30,31]，该变量采用利克特七点量表进行测量。

（5）合作时间是一个客观数据，测量的是企业和下游伙伴的合作时间长短[24]，问卷中主要通过单选确定，并结合访谈和公司网站进行复核。

控制变量主要包括了企业性质、企业规模（firm size，FS）和企业类型。①所有制的成分可能会影响企业应用新技术，一般认为外资企业更容易实现高的信息技术能力，因此我们选用企业性质作为控制变量，考察不同所有制企业是否对信息应用产生影响。②文献[32]认为大企业相对小企业具备更多的先天资源，因此更容易利用 IT，并产生 IT 绩效，本章对企业员工人数进行对数计算，并纳入企业规模，作为控制变量。③企业类型也被认为与信息技术的应用有关，一般来说对于 IT 企业（如亚马逊公司、京东等），信息技术是生死攸关的因素，因为相对传统企业，新兴技术公司更愿意采用新兴技术，并可能有着更高的 IT 绩效，因此本书也考虑企业类型对最终因变量的作用。

2.4.2　数据收集

我们采用案例研究、现场观察、问卷调查和访谈相结合的方法完成基础数据的收集。2011 年 3～4 月通过对武汉市的神龙汽车有限公司等企业 IT/销售主管和高层经理进行实地访谈后，根据调查反馈，针对企业电子商务运作状况，修正了问卷测量相关指标的语言表达，删减了部分测量效果不佳的题项，最终得到了可用于大规模调查的量表。

2011 年 4～12 月底，在武汉市经济和信息化委员会（现为武汉市经济和信息局）和武汉市电子商务协会等配合下，使用网络和面谈两种方式，向全国信息化程度较高的企业发放问卷 700 份①。问卷均要求企业信息化部门和销售部门负责人或企业总经理填写。总共回收问卷 231 份，回收率为 33%，同顶级 IS 期刊论文报告的水平基本一致[33]。由于本书需要考察电子商务的实施状况，因此删除尚未正式与伙伴/顾客开展电子商务的企业问卷后，得到有效问卷 213 份，有效率为 92.2%。

从被试个体职位看，69%的被调查者为公司高层、运营部门经理（如采购、订购或售后服务）和电子商务项目经理或 IT 经理。54.5%的被调查者在公司具有 3 年以上工作经验；91.4%的被调查者具有本科以上学历。总体来看，被试个体对企业的整体情况、电子商务应用状况等比较了解，从而保证了本次问卷调查的有效性。

从所处区域看，本次调查的企业主要集中于华东地区、华中地区和华南地区，既有发达地区，也有欠发达地区，样本结构很好地代表了全国各地区企业电子商务的发展水平，具有较好的代表性。企业规模分布比较合理，大中小规模企业各占 1/3；企业制造的产品和提供的服务领域广泛，涉及国民经济的各个重要领域，见表 2.1。

另外，问卷的无响应偏差（nonresponse error）应该得到重视，因为它会影响数据的外部效度和统计结论效度[34]。我们采用比较早期和后期被试问卷的方法来检验是否存在无响应偏差。该方法认为后续回收的样本和无响应样本相似，因此使用先前回收样本和后续样本进行比较。结果表明两组样本在企业规模、企业性质等类型上不存在显著差异（$p>0.1$）。因此本书中的样本不存在响应偏差。最后，我们对面谈和网络回收问卷的关键变量进行独立样本 t 检验，结果表明本书通过不同方式回收问卷的样本也不存在显著差异（$p>0.1$）。

---

① 应用样本计算公式 $n=z^2p^2/e^2$，其中根据经验设定 $z=1.96$，$p=0.9$，$e=5\%$[13]，计算得到最低样本要求为 138，并根据 IS 的平均问卷回收率为 20%～30%，最后确定 700 家调查企业。

表 2.1　样本特征（*N*=213）

特征		企业个数	百分比/%
区域	华北地区	27	12.7
	华东地区	47	22.0
	华南地区	43	20.2
	华中地区	88	41.3
	东北和西北地区	4	1.9
	缺失	4	1.9
企业性质	国有企业	61	28.6
	中外合资	30	14.1
	民营企业	88	41.3
	外商独资	31	14.6
	缺失	3	1.4
年销售额	1000 万及以下	16	7.5
	1001 万～5000 万	26	12.2
	5001 万～1 亿	22	10.3
	1 亿～10 亿	69	32.4
	10 亿以上	76	35.7
	缺失	4	1.9
员工人数	100 人及以下	31	14.6
	101～200 人	20	9.4
	201～500 人	35	16.4
	501～1000 人	40	18.8
	1001～5000 人	47	22.0
	5000 人以上	40	18.8
行业类型	机械产品制造	41	19.2
	电子设备制造	34	16
	信息服务/软件	26	12.2
	批发零售业	20	9.4
	咨询/教育/旅游	14	6.6
	金融/物流	19	8.9
	食品加工/烟草	9	4.2
	金属/非金属制造	9	4.2
	医药/化工	13	6.2
	纺织/皮毛制造	8	3.8
	木材及家具制造	2	0.9
	文教体育用品制造	3	1.4
	缺失	15	7.0

2.5 数据分析和结果

研究应用偏最小二乘（PLS）分析的 Smart PLS M2.0 软件进行计算。采用该方法的原因主要有两个：一是，本书模型相对复杂，存在众多调节变量、中介变量和控制变量，相对来说 PLS 更擅长计算复杂模型[35]；二是，PLS 对样本的分布和数据量要求较低，这有利于分析样本量相对低的企业层数据，信息系统研究中的企业层研究普遍选用 PLS 进行实证研究。

2.5.1 共同方法偏差

我们采用单一被试方法来收集问卷，可能会存在共同方法偏差（common method bias，CMB）[36]。本节通过以下方式进行事前规避和事后检验。首先，我们在调查程序上进行控制，保护被试者的匿名性，减小对测量目的的猜测度；其次，在面谈收集问卷时，我们对因变量和自变量在测量的空间上（如在办公室和机房分别填写问卷）、心理上（如在回答问卷时，插入一些企业案例与被试者进行互动）进行适当分离。最后，我们还采用 Harman 单因素的方法来检验共同方法偏差的问题。将所有问卷指标放在一起进行因子分析，并得到未旋转时首个主成分的方差解释度为 15.8%，没有占到绝大多数，因此本节中的 CMB 不严重。

2.5.2 测量模型

在 PLS 中使用信度、聚合效度（convergent validity）和区分效度（discriminant validity）来评估测量模型。其中信度可以通过观察指标的因子负载进行评估。所有指标的因子负载大于 0.722，表明了信度是可以接受的[35]，见表 2.2。

表 2.2 构念指标信度和聚合效度

构念	指标	因子负载	CR 值	Cronbach's α	AVE
EB 战略联盟（EB）	EB1	0.926[***]	0.93	0.89	0.82
	EB2	0.909[***]			
	EB3	0.888[***]			
正式治理（FG）	FG1	0.722[***]	0.88	0.80	0.71
	FG2	0.901[***]			
	FG3	0.893[***]			

续表

构念	指标	因子负载	CR 值	Cronbach's α	AVE
	PC1	0.856***			
	PC2	0.859***			
流程合作能力（PC）	PC3	0.876***	0.94	0.92	0.72
	PC4	0.812***			
	PC5	0.846***			
	PC6	0.841***			
	KS1	0.932***			
知识共享能力（KS）	KS2	0.932***	0.95	0.93	0.82
	KS3	0.843***			
	KS4	0.980***			

注：AVE 为平均萃取方差；EB 为 EB 战略联盟；***表示 $p < 0.001$；CR 为组成信度（composite reliability）。

聚合效度可以通过构念信度、构念的构成信度，以及平均萃取方差（average extracted variance，AVE）来检验。构念信度可以用克龙巴赫（Cronbach's）α 系数评估；构念的构成信度的建议阈值为 0.7[37]。AVE 反映的是指标的方差解释。根据研究建议 AVE 得分应大于 0.5，表明指标的方差大于测量误差。在表 2.2 中的 Cronbach's α、CR 和 AVE 均符合上述检验聚合效度的标准。

区分效度可以通过观察指标的因子负载来确认各个构念是否不同[38]。若满足如下条件，则区分效度是有保障的[35]：①每个指标与自己的构念相关系数大于与其他构念相关系数；②AVE 的平方根要大于该构念与其他构念相关系数；③构念的相关系数应小于 0.9。表 2.2 和表 2.3 给出了以上数据，结果表明本章构念具有很好的区分效度。

表 2.3　构念描述性统计、相关系数和区分效度

构念	均值	标准差	EB	FG	PC	KS
EB	16.22	8.15	**0.91**			
FG	4.84	1.03	0.32**	**0.84**		
PC	4.64	1.18	0.33**	0.49**	**0.85**	
KS	4.61	1.21	0.28**	0.46**	0.69**	**0.91**

注：对角线上的加粗数字为 AVE 的平方根；**表示 $p < 0.01$。

2.5.3　假设检验

我们采用 Smart PLS 来估计模型，具体结果见图 2.2 和表 2.4。其中模型 1 为

不包括调节变量的直接作用模型，模型 2 纳入调节变量即合作时间。我们采用 $N=500$ 的自助法（bootstrapping）计算各路径的 t 值和标准误差[38]。在模型 1 中，发现除了 EB 战略联盟到知识共享能力的作用路径不成立（$\beta = 0.14$, $p > 0.1$），其余路径均成立。在模型 2 中，EB 战略联盟到流程合作能力（$\beta = 0.20$, $p < 0.05$）和知识共享能力（$\beta = 0.15$, $p < 0.05$）的路径成立；同时，EB 战略联盟到正式治理（$\beta = 0.32$, $p < 0.001$）的路径，正式治理到流程合作能力（$\beta = 0.44$, $p < 0.001$）和知识共享能力（$\beta = 0.43$, $p < 0.001$）的路径均成立。因此，我们通过计算 Sobel 值对正式治理的中介效应进行检验[9]，见表 2.4。首先，对 EB 战略联盟-正式治理-流程合作能力的中介作用路径进行检验。研究发现，该中介效应得到证实（Sobel=3.45, $p < 0.01$）。其次，对 EB 战略联盟-正式治理-知识共享能力的中介作用路径进行检验，该中介效应也得到证实（Sobel=2.85, $p < 0.01$）。根据 Kenny 的建议，进一步确认正式治理在这两个中介过程是部分中介还是完全中介，我们计算了移除中介变量后的两对直接作用，见表 2.4。结果发现，纳入中介变量前，直接作用均显著且值较大（β 分别为 0.32（$p < 0.001$）和 0.28（$p < 0.001$））；纳入中介变量后，EB 战略联盟的作用变弱（β 分别为 0.20（$p < 0.05$）和 0.15（$p < 0.05$）），主要通过中介变量传递作用。因此，该中介效应存在，且是部分中介。

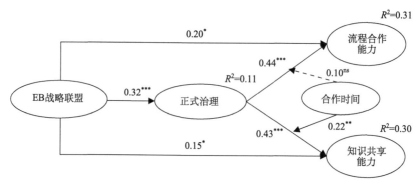

图 2.2　纳入调节变量后的 PLS 模型

***表示 $p < 0.001$，**表示 $p < 0.01$，*表示 $p < 0.05$，ns 为不显著

　　进一步，分析模型 2 中的调节效应，我们通过构建乘积项的方法，构建调节项（合作时间×正式治理，原变量均经过中心化处理）。结果发现，合作时间在正式治理和流程合作能力之间不存在调节作用，却促进正式治理产生知识共享能力（$\beta = 0.22$, $p < 0.01$），即双方合作时间越长，企业通过正式治理机制越有利于双方的知识共享。为了确认该调节作用，我们通过计算 f^2 判断调节作用的大小，数据结果表明该调节作用存在（表 2.4）[39]。判断模型 1（主效应模型）到模型 2（调

节效应模型）中因变量的 ΔR^2 是否显著。本书采用伪 F 统计值（pseudo F statistic）用于判断调节效应是否存在[40]，该值为 16.32 且显著，见表 2.4，因此该调节作用确实存在。我们使用统计检测力来检测每个因变量的作用（确定预测变量个数、解释度（R^2）、样本大小、0.05 显著水平），该数值为 0.99（表 2.4），远大于 0.8 的建议值[39]，表明我们的样本提供了充足的统计检测力来检验研究模型。

表 2.4　PLS 模型结果（标准化路径估计，$N=213$）

变量	模型 1			模型 2		
	中介变量	因变量		中介变量	因变量	
	正式治理	PC	KS	正式治理	PC	KS
控制变量						
企业性质		0.00^{ns}	0.02^{ns}		0.00^{ns}	0.02^{ns}
企业规模		0.01^{ns}	-0.01^{ns}		0.01^{ns}	-0.01^{ns}
企业类型		0.12^{ns}	0.01^{ns}		0.12^{ns}	0.01^{ns}
理论变量						
EB 战略联盟	0.32^{***}	0.18^{*}	0.14^{ns}	0.32^{***}	0.20^{*}	0.15^{*}
正式治理		0.42^{***}	0.43^{***}		0.42^{***}	0.43^{***}
合作时间×正式治理					0.10^{ns}	0.22^{**}
R^2	0.11	0.30	0.24		0.31	0.30
ΔR^2					0.01	0.06
f^2 值						0.08
伪 F 统计值						16.32^{***}
统计检测力						0.99
中介作用检验						
Sobel 检验①				3.45^{***}		
Sobel 检验②				3.85^{***}		
EB 战略联盟→PC（不考虑中介变量）①				0.32^{***} *0.06*		
EB 战略联盟→KS（不考虑中介变量）②				0.28^{***} *0.07*		

注：$f^2 = \dfrac{[R^2(\text{调节效应模型})-R^2(\text{主效应模型})]}{[1-R^2(\text{主效应模型})]}$，当 $0.02 \leqslant f^2 < 0.15$ 时，调节效应强度小，当 $0.15 \leqslant f^2 < 0.35$ 时，调节效应强度为中，当 $f^2 \geqslant 0.35$ 时，调节效应强度为高；伪 F 统计值=$f^2 \times (N-K-1)$，其中自由度为[1, $(N-K)$]，其中 N 为样本量，K 为模型构念数；Sobel 检验：$z = \dfrac{ab}{\sqrt{(b^2 \text{SE}_a^2) + (a^2 \text{SE}_b^2)}}$，$a$、$b$ 为回归系数，SE_a 和 SE_b 表示标准误差；①指"EB 战略联盟-正式治理-流程合作能力"的中介路径，②指"EB 战略联盟-正式治理-知识共享能力"的中介路径；*** 表示 $p<0.001$，** 表示 $p<0.01$，* 表示 $p<0.05$，ns 为不显著，斜体数字为标准误差。

2.6　主要发现和管理启示

2.6.1　主要发现

1.EB 战略联盟是合作电子商务能力的触发器

我们发现 EB 战略联盟对流程合作能力（$\beta = 0.20, p < 0.05$）和知识共享能力（$\beta = 0.15, p < 0.05$）均有直接作用。就是说流程合作能力和知识共享能力都需要 EB 战略联盟的支持，一个良好的 EB 战略联盟保障了企业间跨流程合作和双方知识的共享与再创造。而先前研究主要将研究视角放在 IT/IS 战略联盟和企业绩效的关系[8,9]，忽视了 EB 战略联盟对企业电子化运作能力的直接作用。另外，先前的 IT/IS 战略联盟研究更多地把研究重点放在企业内部视角[6]，没有考虑到其对组织间合作的改善。因此，本书扩展并丰富了先前的 IT/IS 战略联盟研究。另外在实践层面上，EB 战略联盟是合作电子商务能力的触发器，因此企业内的 IT 和商务经理应该相互理解、通力合作，建立有效的 EB 战略联盟，从而为获取合作电子商务能力做好战略层的准备。

2. 正式治理是 EB 战略联盟和合作电子商务能力的桥梁

研究发现正式治理在 EB 战略联盟和合作电子商务能力（流程合作能力和知识共享能力）之前起到了部分中介作用，因此，EB 战略联盟除了直接对合作电子商务能力起作用，它还通过正式治理对合作电子商务能力起到正向作用。此外，分析不考虑中介变量的路径时，得到 EB 战略联盟对流程合作能力（$\beta = 0.32, p < 0.001$）和知识共享能力的作用路径（$\beta = 0.28, p < 0.001$），我们发现 EB 战略联盟更倾向于通过中介变量（正式治理）来对两个合作电子商务能力产生作用（考虑中介变量后 EB 战略联盟到流程合作能力和知识共享能力的作用系数明显下降，见表 2.4）。因此，正式治理是 EB 战略联盟和合作电子商务能力的一个重要桥梁。该发现为企业建立合作电子商务能力提供了更加清晰的指导思路，为此，企业管理者在开展合作电子商务时，不仅要建立良好的 EB 战略联盟，而且要及时地建立起规范合作机制,这样才能保障企业最终获取企业间合作电子商务能力。而目前国内 IT 战略联盟的文献仍主要聚焦于 IT 和商务的匹配过程，对其价值作用机理尚未有涉及[10]。

3. 合作时间对正式治理和知识共享能力的正向调节作用

关于两个调节作用，我们发现了合作时间在正式治理对知识共享能力的作用过程中起到正向调节作用（$\beta = 0.22$, $p < 0.01$）。也就是说合作时间越长，越有利于通过正式的合作规范来形成双方的知识共享。在我国现实背景下，短时间的合作一般都不会采用复杂的合同来约束，主要依赖双方信任等非正式机制。当双方合作时间变长，合作的深度和广度都开始增加，双方都想规避对方的投机主义行为，因此合作时间越长，双方越担心知识共享后的风险问题，因此正式治理能有效地规避机会主义行为，从而保障双方知识共享[17]。

然而，我们发现，合作时间长度并不对正式治理与流程合作能力之间的关系起到任何作用，这里我们考虑到在流程合作上，一般都与现有业务流程直接相关，且需要大量的固定关系投资，而这些在合作之初就会通过正式合同等规范起来。因此，合作时间长度并不会改变正式治理对流程合作能力的作用，而对信任等非正式因素产生作用[41]。

本章发现了正式治理在合作时间的制约下对流程合作能力和知识共享能力的不同作用，即在我国管理情景下一般相对长期的合作才会应用正式治理机制，如合同和契约。

2.6.2　管理启示

本书对相关管理者的启示如下。首先，企业商务管理者应培养对新兴技术的敏锐嗅觉，并通过与 IT 管理者的交流实现本企业 EB 战略联盟，从而推动企业和伙伴在业务流程和知识共享等方面的合作；然后，企业高层管理者在通过 IT 技术与伙伴合作时，应该重视合约，促进合作关系管理中正式治理机制的形成；最后，正式治理在合作时间的制约下对两类能力的作用差异表明，在短期合作中，我国企业家可能更依赖于信任、承诺等关系因素。因此，管理者可以结合我国的基本国情，考虑在合作电子商务能力形成过程中综合应用正式治理和关系治理机制。

2.7　本 章 小 结

本章通过使用实证研究方法，收集有效企业问卷 213 份，并通过使用结构方程软件 Smart PLS 对 EB 战略联盟-正式治理-企业间合作电子商务能力的作用路径进行了验证。研究发现：①EB 战略联盟是合作电子商务能力的触发器；②正式治理是 EB 战略联盟和合作电子商务能力的桥梁；③合作时间对正式治理和知识共享能力具有正向调节作用。

　　本章的创新点表现在三个方面：①扩展了 IT/IS 战略联盟文献，将其引入企业间背景下，丰富了 IT 商务战略联盟理论；②基于数字期权[17]和 IT 合作创造价值的四维度框架[2]，首次提出了合作电子商务能力的两个维度，包括流程合作能力和知识共享能力；③通过引入中介变量正式治理和调节变量合作时间，解释了EB 战略联盟对合作电子商务能力的复杂作用机理，打开了中间作用过程的"黑匣子"，而先前关于 IT 战略联盟的研究文献对中间过程挖掘相对较少，主要集中对绩效影响的研究[9]。

　　然而本章也存在一定的局限性，首先，本章模型中没有考虑企业绩效，在今后的研究中我们将通过收集客观财务数据对本章模型的最终效果进行验证；其次，相对正式治理，关系治理也是管理组织间合作关系的重要机制，尽管我国已经实行市场经济几十年，但仍在许多合作背景下更多地应用"关系"来进行协同和管理[17]。因此，在以后的模型中，纳入关系治理或关系来对比正式治理的作用机制将是一个更好的研究方向。

参 考 文 献

[1] Cederlund J, Kohli R, Sherer S, et al. How Motorola put CPFR into action[J]. Supply Chain Management Review, 2007, 11(7): 28-35.

[2] Grover V, Kohli R. Cocreating IT value: New capabilities and metrics for multifirm environments[J]. MIS Quarterly, 2012, 36(1): 225-232.

[3] Zhu K, Kraemer K L, Gurbaxani V, et al. Migration to open-standard interorganizational systems: Network effects, switching costs, and path dependency[J]. MIS Quarterly, 2006, 30: 515-539.

[4] Lai I K W, Tong V W L, Lai D C F. Trust factors influencing the adoption of internet-based interorganizational systems[J]. Electronic Commerce Research and Applications, 2011, 10(1): 85-93.

[5] Clark T H, Stoddard D B. Interorganizational business process redesign: Merging technological and process innovation[J]. Journal of Management Information Systems, 1996, 13(2): 9-28.

[6] Chan Y E, Sabherwal R, Thatcher J B. Antecedents and outcomes of strategic IS alignment: An empirical investigation [J]. IEEE Transactions on Engineering Management, 2006, 53(1): 27-47.

[7] Setia P, Patel P C. How information systems help create OM capabilities: Consequents and antecedents of operational absorptive capacity[J]. Journal of Operations Management, 2013, 31(6): 409-431.

[8] Tallon P P. A process-oriented perspective on the alignment of information technology and business strategy[J]. Journal of Management Information Systems, 2007, 24(3): 227-268.

[9] Tallon P P, Pinsonneault A. Competing perspectives on the link between strategic information

technology alignment and organizational agility: Insights from a mediation model[J]. MIS Quarterly, 2011, 35(2): 463-486.

[10] 宋丹, 李东. 基于流程活动的 IT 与企业战略匹配测量[J].北京大学学报(哲学社会科学版), 2011,48(1):119-125.

[11] 俞东慧, 黄丽华, 石光华. 建立与企业战略相适应的 IT 战略的路径和方法研究——对 UPS 和 FedEx 的战略匹配案例研究[J].管理工程学报, 2005,19(1):24-29.

[12] Henderson J C, Venkatraman N. Strategic alignment: Leveraging information technology for transforming organizations[J]. IBM Systems Journal, 1993, 32(1): 4-16.

[13] Bharadwaj A, El Sawy O A, Pavlou P A, et al. Digital business strategy: Toward a next generation of insights[J]. MIS Quarterly, 2013, 37(2): 471-482.

[14] Sambamurthy V, Bharadwaj A, Grover V. Shaping agility through digital options: Reconceptualizing the role of information technology in contemporary firms[J]. MIS Quarterly, 2003, 27(2): 237-263.

[15] Goo J, Kishore R, Rao H R, et al. The role of service level agreements in relational management of information technology outsourcing: An empirical study[J]. MIS Quarterly, 2009, 33(1): 119-145.

[16] Han K, Oh W, Im K S, et al. Value cocreation and wealth spillover in open innovation alliances[J]. MIS Quarterly, 2012, 36(1): 291-315.

[17] Li Y, Xie E, Teo H H, et al. Control in domestic and international buyer-supplier relationships[J]. Journal of Operations Management, 2010, 28(4): 333-344.

[18] Poppo L, Zenger T. Do formal contracts and relational governance function as substitutes or complements?[J]. Strategic Management Journal, 2002, 23(8): 707-725.

[19] 池毛毛, 赵晶, 沈晓宽. 企业间合作电子商务能力形成的实证研究:IT 嵌入水平和企业间正式控制的调节作用[J].管理评论, 2013, 25(4): 135-144.

[20] Garvin D A. The processes of organization and management[J]. Sloan Management Review, 1998, 39(4): 33-50.

[21] Reich B H, Benbasat I. Factors that influence the social dimension of alignment between business and information technology objectives[J]. MIS Quarterly, 2000, 24(1): 81-113.

[22] Preston D S, Karahanna E. Antecedents of IS strategic alignment: A nomological network[J]. Information Systems Research, 2009, 20(2): 159-179.

[23] Oh W, Pinsonneault A. On the assessment of the strategic value of information technologies: Conceptual and analytical approaches[J]. MIS Quarterly, 2007, 31(2): 239-265.

[24] Dyer J H, Chu W J. The determinants of trust in supplier-automaker relationships in the US, Japan, and Korea[J]. Journal of International Business Studies, 2000, 31(2): 259-285.

[25] Aral S, Weill P. IT assets, organizational capabilities, and firm performance: How resource allocations and organizational differences explain performance variation[J]. Organization Science, 2007, 18(5): 763-780.

[26] Tanriverdi H. Information technology relatedness, knowledge management capability, and

performance of multibusiness firms[J]. MIS Quarterly, 2005, 29(2): 311-334.

[27] Li D, Chau P Y K, Lai F. Market orientation, ownership type, and E-business assimilation: Evidence from Chinese firms[J]. Decision Sciences, 2010, 41(1): 115-145.

[28] Iyer K N S, Germain R, Claycomb C. B2B E-commerce supply chain integration and performance: A contingency fit perspective on the role of environment[J]. Information and Management, 2009, 46(6): 313-322.

[29] Rai A, Patnayakuni R, Seth N. Firm performance impacts of digitally enabled supply chain integration capabilities[J]. MIS Quarterly, 2006, 30(2): 225-246.

[30] Saraf N, Langdon C S, Gosain S. IS application capabilities and relational value in interfirm partnerships[J]. Information Systems Research, 2007, 18(3): 320-339.

[31] Malhotra A, Gosain S, El Sawy O A. Absorptive capacity configurations in supply chains: Gearing for partner-enabled market knowledge creation[J]. MIS Quarterly, 2005, 29(1): 145-187.

[32] Mithas S, Tafti A, Mitchell W. How a firm's competitive environment and digital strategic posture influence digital business strategy[J]. MIS Quarterly, 2013, 37(2): 511-536.

[33] Jarvenpaa S L, Staples D S. Exploring perceptions of organizational ownership of information and expertise[J]. Journal of Management Information Systems, 2001, 18(1): 151-183.

[34] Sivo S A, Saunders C, Chang Q, et al. How low should you go? Low response rates and the validity of inference in IS questionnaire research[J]. Journal of the Association for Information Systems, 2006, 7(6): 351-414.

[35] Peng D X, Lai F. Using partial least squares in operations management research: A practical guideline and summary of past research[J]. Journal of Operations Management, 2012, 30(6): 467-480.

[36] Podsakoff P M, MacKenzie S B, Lee J Y, et al. Common method biases in behavioral research: A critical review of the literature and recommended remedies[J]. Journal of Applied Psychology, 2003, 88(5): 879-903.

[37] Nunnally J C. Psychometric Theory [M]. 2nd ed. New York: McGraw-Hill, 1978.

[38] Chin W W. The partial least squares approach to structural equation modeling[J]. Modern Methods for Business Research, 1998, 295(2): 295-336.

[39] Cohen J. Statistical Power Analysis for the Behavioral Sciences[M]. Hillsdale: Lawrence Erlbaum, 1988.

[40] Carte T A, Russell C J. In pursuit of moderation: Nine common errors and their solutions[J]. MIS Quarterly, 2003, 27(3): 479-501.

[41] Klein R, Rai A. Interfirm strategic information flows in logistics supply chain relationships[J]. MIS Quarterly, 2009, 33(4): 735-762.

第3章 数字商务战略剖面和组织重构能力关系的研究

随着云大物移（云计算、大数据、物联网和移动互联网）等新兴数字技术在企业的推广和应用，如何利用这些新兴数字技术对企业现有运作能力进行重构并获取持续性竞争优势已经成为企业管理者的当务之急。然而，目前学术界对于新兴数字技术是否及如何提升动态能力和即兴能力这两类组织重构能力还存在争议。本章借鉴数字商务战略概念，将其分为技术冗余、商务冗余和匹配三个剖面，基于组织冗余和 IT-业务战略匹配的竞争性观点，提出在动荡环境干扰的情况下，数字化战略剖面影响组织重构能力的两组竞争性假设。本章通过对 172 家企业的数据分析，采用似不相关回归分析（SUR）方法对两组竞争性假设进行检验。研究结论基本支持了组织冗余理论的主流观点，同时也界定了组织冗余理论和 IT-业务战略匹配逻辑的理论边界，对我国企业管理者制定有效的数字商务战略，进而实现动态能力和即兴能力具有一定的理论意义与现实启示。

3.1 概　　述

近年来，大数据、云计算和物联网等新兴数字技术在业内进一步推广与应用使得我国许多传统企业都受到了冲击①。在不确定性和动荡性日益增加的市场环境中，我国传统企业如何利用新兴数字化技术对企业现有运作能力进行重构进而获取持续竞争优势已经成为管理者亟须解决的问题。

组织重构能力是运作管理的重要概念，文献 [1] ~ [4] 认为重构能力（reconfiguration capabilities）是为了应对动荡的外部市场环境，企业对现有运作能力进行重组和再造，主要包括动态能力和即兴能力两个维度。其中，基于企业资源观，动态能力被认为是组织重构现有运作能力以更好地适应动荡环境的特定能力[5,6]，也有研究者认为敏捷能力是动态能力在复杂多变环境下的具体表现形式之一[7]。即兴能力则是组织自发地重构现有资源和能力以构建新的运作能力来应对紧急的、不可预测的和全新的环境[1,8]。然而，目前运作管理学者主要关注这种重

---

① http://money.163.com/14/1023/09/A97V980E00255498.html[2018-09-08]。

构能力的作用机制，对其形成机制（尤其是即兴能力）的讨论还不足[9]。

信息系统学者认为信息技术（包括新兴数字化技术）能够帮助企业形成这种重构能力[1,10,11]。然而，以往研究主要集中在信息技术的利用本身，如在新产品研发过程中各种相关信息系统（包括项目和资源管理系统、组织记忆系统和合作工作系统）的有效利用[1,12]。文献[13]缺乏考虑新兴数字技术和内部业务战略之间的匹配对于组织重构能力的影响机理。虽然文献[14]考虑了 IT-战略匹配对组织敏捷的作用，但仍缺乏对新兴数字技术的讨论，而且研究结论并不一致。例如，基于资源利用的角度，文献[15]认为 IT 与业务战略的匹配使得 IT 被嵌入关键的业务流程中，这种组织流程的嵌入有利于组织在突发变化时做出快速反应。然而，IT和业务战略匹配需要的是长时间的资源契合，因而组织需要在长时间内坚持其发展方向，并对关键资源进行定向开发和探索。这个过程将降低企业的创新能力，从而使得企业难以在特定环境中进行快速反应[13]。因此，有必要进一步研究企业中信息技术（特别是新兴数字化技术）和业务战略的部署战略对组织重构能力的影响。

基于组织冗余和 IT-业务战略匹配的竞争性观点，本书提出在动荡环境干扰情况下的三个数字化战略剖面对组织重构能力的竞争性假设，即试图回答如下研究问题：数字商务战略究竟是抑制还是促进组织重构能力？通过对 172 家企业的数据收集和分析，我们采用似不相关回归分析方法对两组竞争性假设（H3.1 VS H3.2 和 H3.3 VS H3.4）进行了检验，进一步解释了组织重构能力的产生基础和条件。

本章的研究贡献体现以下三个方面。首先，先前研究主要基于动态能力（如组织敏捷）的考虑[10,13,16]，关于即兴能力的研究还比较少[1,8,11]。随着环境动荡性（environmental turbulence，ET）程度的增大，企业管理者越来越需要考虑即兴能力对竞争力的影响。本章同时研究两种重构能力（包括动态能力和即兴能力）的产生前提，进一步探索这两种重构能力的重要前因。然后，基于组织冗余理论和IT-业务战略匹配的相关文献，本章提出数字商务战略的三个剖面（即商务冗余、技术冗余和匹配的概念），进一步补充 IT-业务战略和数字商务战略的相关研究。最后，针对竞争性假设的分析和讨论，本章基本支持组织冗余理论，进一步界定了组织冗余理论和 IT-业务战略匹配逻辑的理论边界。在低动荡环境下，商务冗余和技术冗余对于即兴能力是正向作用；在高动荡环境下，商务冗余对于动态能力和即兴能力是负向作用。

3.2　文献回顾和假设发展

3.2.1　文献回顾

文献[1]指出为应对动荡的外部环境，企业需要培养并构建包括动态能力和即兴能力在内的组织重构能力。其中，动态能力适用于可以预测的"波浪"环境，而即兴能力应用于难以预知的"风暴"环境。重构能力被广泛认为是一阶组织能力，它们可以变革并改造零阶组织能力，又被称为组织普通运作能力（包括客户关系管理、电子采购管理和人力资源管理等）。零阶组织能力主要通过对现有资源和技能利用来提高组织效率与效果[2,17,18]。

随着新兴信息技术（如企业资源计划（enterprise resource planning，ERP）系统、大数据技术和物联网等）在企业的不断深化应用，一些文献发现通过信息系统建设将会增加组织敏捷或动态能力[10,19-23]。例如，研究发现三种适配（数据-工具、人-工具、任务-工具）能够正向调节数据分析的使用程度对市场利用敏捷和运作调整敏捷的关系[19]。Lee 等[10]发现了 IT 双元性（包括 IT 利用和 IT 探索能力）会通过运作双元性进一步正向影响组织敏捷。Chakravarty 等[21]则发现了信息技术能力对组织敏捷的使能作用。因此，通过应用信息技术能够帮助企业迅速掌握并利用外部市场信息，以此重新构造组织的原有运作能力，进而形成如大数据分析能力等新型组织能力[23,24]。

虽然信息技术能够通过对外部信息的识别和挖掘快速形成适应市场变化的能力，进而对现有组织运作能力等进行改进[23]，但有文献认为 IT 技术本身可能对于组织重构能力（如动态能力）的形成没有作用。例如，Ghasemaghaei 等[25]就发现了数据分析的使用程度对于组织敏捷没有显著正向关系，并认为需要考虑工具与企业数据、员工和任务的匹配度。文献[13]探索信息技术和业务的匹配对于组织重构能力（动态能力、敏捷能力）的影响。例如，Tallon 和 Pinsonneault[13]就认为 IT-业务战略匹配会正向影响组织的敏捷性，该观点主要基于组织知识和资源利用的逻辑。首先，从组织知识利用的角度来看，信息技术与业务的匹配能够使得组织更好地收集内外部环境信息，并在其业务单位之间共享[26]。因此，在组织遇到突发情况时能利用匹配优势获得更多的有利信息。其次，从资源利用的角度来看，信息技术与业务的匹配使得信息技术被嵌入到关键业务流程中，这种接近组织流程的嵌入有利于组织在遇到突发变化时进行快速反应[15]。

然而，文献[14]和[27]发现 IT-业务战略匹配并非总是好事，即存在"IT 匹配悖论"。这种悖论的观点认为匹配会加深组织行为的惯性和惰性，进而限制组织的行为[27,28]。IT-业务战略匹配的研究视角忽视了不匹配的情境对于组织重构能力的影响[29]，即充足的数字化技术支持现有业务战略（即技术冗余剖面）和缺乏数字化技术支持现有业务战略（即商务冗余剖面）。虽然 Tallon 等[29]探索了业务流程水平上的 IT 富足和 IT 匮乏对于 IT 商业价值的影响，并发现了 IT 富足对于 IT 商业价值的正向作用机制；Ho 等[30]也通过标准普尔 500 的企业数据发现了 IT 投资和企业绩效的 V 形关系，即 IT 过度投资和 IT 投资不足均可能给企业带来商业价值。但是，目前尚缺乏文献进一步探讨 IT-业务战略匹配和不匹配情境对于两种组织重构能力影响的具体适用边界。

本书借鉴数字商务战略的概念[31]，从数字商务战略的三层剖面（商务冗余剖面、技术冗余剖面和匹配剖面）出发，结合 IT-业务战略匹配和组织冗余理论[32,33]分析数字商务战略对于动态能力和即兴能力这两种组织重构能力的影响机制。组织冗余被定义为组织为了维持运营所拥有的资源与实际所需要的资源之间的正向差额[33]。组织冗余将有益于组织在内外部环境变化时维持其正常运营，它能够使组织更好地适应内部调整或外部政策及外部环境变化所带来的压力[34]。商务冗余和技术冗余对应 IT-业务战略匹配文献中不匹配的情境，基于组织冗余和 IT-业务战略匹配的相关文献[27]、[35]和[36]，本书进一步将商务冗余剖面确认为组织的商务资源（如组织架构/流程）大于技术资源（IT 架构/流程）的情境①。技术冗余剖面则是组织新兴技术资源大于商务资源的情境。因此，研究数字商务战略三层剖面对组织动态能力和组织即兴能力的影响，能够指导管理者构建这两种重要的组织重构能力，进一步发现和界定 IT-业务战略匹配与组织冗余理论在组织重构能力的形成过程中各自使用的范围和条件，也解释了"IT 匹配悖论"。

3.2.2　假设发展

1. 数字商务战略和组织重构能力

通过数字商务战略的制定和实施，企业能够将相关数字资源（如大数据技术等）渗入企业生产服务的整个过程，并促进产品/服务和业务流程的互联[31]。相比先前研究主要将信息技术视为一种工具，企业的数字商务战略将会促进数字技术在企业管理活动中应用的深度和广度。因此，数字商务战略的实施将会加强企业对现有业务能力的反思和调整，进而促进全新业务流程的产生[37,38]。文献[1]和[39]也将其视为组织重构能力形成的重要动力。具体来说，在组织重构能力中包括了

---

① 由于本章关注运作层上组织重构能力的形成机制，主要考虑 IT-业务战略匹配中运作层匹配（如构架和流程）。

分别适应于"波浪"和"风暴"两种不同环境的动态能力与即兴能力。

　　前人虽然认识到数字商务战略对企业业务流程重构、数字创新和企业绩效的积极作用[38,40]，但是还没有文献就数字商务战略和组织重构能力之间的关系进行探索。本书借鉴企业间 IT 能力剖面的做法[41]，采用数字商务战略的三层剖面（商务冗余剖面、技术冗余剖面和匹配剖面）来探索其对动态能力和即兴能力的作用机制。文献[13]指出匹配剖面将促进数字技术有效地融入业务流程，进而促进企业的快速反应，而不匹配（冗余剖面）将造成资源的浪费，也不利于绩效的提升；而基于组织冗余理论，冗余剖面（包括商务冗余剖面和技术冗余剖面）将会形成一种数字期权，从而促进企业改造现有业务流程，进而有效地面对未来不确定的环境[16,30]。因此，本章基于 IT-业务战略匹配的逻辑和组织冗余理论的观点提出一组竞争性假设。

　　1）基于 IT-业务战略匹配的逻辑

　　文献[14]、[42]和[43]发现匹配能有效地提升企业运作效率和企业业绩，这种匹配包括了知识匹配（intellectual alignment）和运作匹配（operational alignment）两个主要维度[27, 36]。具体来说，知识匹配体现数字化技术相关知识方面的匹配度；运作匹配体现数字化运作流程上的匹配度。由于本书强调匹配对于运作层面上的组织重构能力的影响，因此主要采用运作匹配来体现匹配剖面的概念。文献[13]和[27]指出，相比不匹配的企业，具有良好运作匹配的企业将会更好地将数字技术融入业务流程中，促进资源的有效利用和知识的吸收。因此，这种匹配能够帮助企业利用数字技术来有效地重构现有业务流程，提供新的组织惯例，进而实现产品/服务创新[14,44]。

　　动态能力和即兴能力分别代表了组织重构能力的两个不同方面。其中，动态能力面对的是"波浪"情景下组织对现有业务流程的重构或者创新；即兴能力是在"风暴"情景下组织对于现有业务流程的重构或者创新。具有高匹配的企业将能够通过相关资源的利用和知识的吸收，有效地促进企业在不同外部环境中对现有业务流程的重构。其中，关于动态能力的研究，有学者发现大数据分析能力将会促进业务流程的动态能力，如在业务流程中的信息共享和交流[23]。而关于即兴能力的研究，Pavlou 和 El Sawy[1]发现相比动态能力，即兴能力更依赖于资源管理和团队合作系统，而不是过去的知识和经验（如组织记忆系统）。通过匹配，企业能够有效地利用新兴数字技术来实现资源的整合和高效的团队合作，进而有效地提高处理突发情景的即兴能力。因此，提出如下假设。

　　H3.1：相比冗余剖面，匹配剖面对组织重构能力具有积极影响。

H3.1a：相比冗余剖面，匹配剖面对组织动态能力具有积极影响。

H3.1b：相比冗余剖面，匹配剖面对组织即兴能力具有积极影响。

2）基于组织冗余理论的观点

组织冗余理论认为组织的冗余资源能够帮助企业灵活地应对内外部环境变化，并挖掘相关机会[45,46]。在信息系统的相关研究中，数字技术等冗余资源都被视为一种数字化期权，并会形成伙伴敏捷、顾客敏捷和运作敏捷[18]。Tiwana 等[47]则认为平台构架可以嵌入实物期权中进而促进平台的演化，并进一步发现了 IT富足作为一种技术资源冗余将会促进 IT 商业价值的实现。Ho 等[30]则进一步发现IT 投资不足也可以实现商务价值，这是由于企业实现了在信息技术外的其他商务资源上的冗余。因此，基于组织冗余视角，相比匹配剖面，冗余剖面将更有利于企业利用额外资源对现有组织业务流程进行更新或重构。

冗余对于动态能力和即兴能力的作用主要体现在企业能够有效地利用相关冗余资源来应对未来的不确定性。例如，Sambamurthy 等[16]认为企业的数字化资源作为一种数字化期权，能够帮助企业增强伙伴敏捷、顾客敏捷和运作敏捷，并提升利用创新机会的能力。另外，企业在商务资源上的冗余也能帮助企业发挥其自身非信息技术上的优势并保持持续的竞争力[30]。因此，提出相对于 H3.1 的竞争性假设。

H3.2：相比匹配剖面，冗余剖面对组织重构能力具有积极影响。

H3.2a：相比匹配剖面，冗余剖面对组织动态能力具有积极影响。

H3.2b：相比匹配剖面，冗余剖面对组织即兴能力具有积极影响。

2. 环境动荡性的调节作用

数字商务战略对于组织重构能力的影响将会受到环境的影响。先前研究认为外部环境将会影响管理决策的风险和不确定性[13]。这种不确定的外部市场将促进企业调整其数字商务战略以实现企业内部战略和外部市场信息的匹配，从而促进组织快速应对市场变化[13]。在高度动荡的环境中，面对诸多不确定性，企业如果能相对于竞争者更快地进行应对和反应将会给企业带来竞争优势[48]。数字商务战略将能够有效地帮助企业在不确定的环境中快速形成企业敏捷。例如，Tallon 和Pinsonneault[13]发现在业务流程中的 IT-业务战略匹配能够帮助企业有效地利用相关资源，吸收关键知识，从而促进企业敏捷。基于IT-业务战略匹配的逻辑，在高度动荡环境下，相比冗余剖面，匹配剖面能够更加有效地利用相关资源形成组织重构能力。然而冗余剖面则被认为在动荡环境中会引起浪费，因为组织惯性和路径依赖的存在，管理者在不确定环境下更愿意利用现有资源和可靠经验，而不是通过利用冗余资源进行创新和变革[13,49]。因此，基于 IT-业务战略匹配的逻辑，提出如下假设。

H3.3：在高动荡环境下，匹配剖面（相比冗余剖面）将有利于组织重构能力的形成。

H3.3a：在高动荡环境下，匹配剖面（相比冗余剖面）将有利于组织动态能力的形成。

H3.3b：在高动荡环境下，匹配剖面（相比冗余剖面）将有利于组织即兴能力的形成。

基于组织冗余理论，企业的信息技术冗余和商务资源冗余将会形成一种期权[18]。在不确定和高风险的环境下，企业利用冗余资源将能够有效地应对环境的不确定性，并保持组织足够的柔性或敏捷。这种柔性将会有利于企业根据外部环境的变化对现有业务流程进行重构或创新。而在动荡环境下，匹配则更容易出现"刚性陷阱"，即强化组织的惯性并限制组织的视野[13,27]。例如，匹配需要长时间的资源契合，企业在长时间内需要坚持其发展方向，对关键资源定向开发和探索，而这将降低企业的创新能力，使得企业难以进行快速反应，从而制约组织的重构能力形成[13,50]。因此，提出相对于 H3.3 的竞争性假设。

H3.4：在高动荡环境下，冗余剖面（相比匹配剖面）将有利于组织重构能力的形成。

H3.4a：在高动荡环境下，冗余剖面（相比匹配剖面）将有利于组织动态能力的形成。

H3.4b：在高动荡环境下，冗余剖面（相比匹配剖面）将有利于组织即兴能力的形成。

3.3　研　究　方　法

3.3.1　数据收集

本节主要采用企业实地调研和问卷填写的方法完成基础数据的收集，部分客观数据则采集自 Oriana 亚太公司财务数据库和《中国分省份市场化指数报告（2016）》[51]。Oriana 亚太公司财务数据库中收集的数据主要为企业基本属性（如企业所有权、行业类型等），《中国分省份市场化指数报告》中收集的数据主要为本书调查年份前三年（含当年）中国分省市场化指数数据。实地调研主要集中在神龙汽车有限公司等 10 家企业信息技术部门、业务部门的负责人或高层经理，此阶段将调查人员分成 3 个小组并在一个月内完成实地调研，每家企业访谈时间平均为 60～120min。根据实地调研的结果，通过与受访者的沟通，修正了问卷中部分题项，删减部分测量效果不佳的题项，最终得到本节的量表。

　　本次问卷调查的数据主要采用网络和面谈两种方式收集，并在当地电子商务协会、经济和信息化委员会及省食品药品监督管理局（现已撤并为省市场监督管理局）的支持下，向全国信息化程度较高的企业随机发放问卷 700 份，并通过电话和电子邮件方式督促填写。我们在 6 个月内共回收问卷 213 份，删除 41 份由于问卷填写缺失或有较多相同回答的问卷，进而得到有效问卷 172 份。样本的基本特征见表 3.1。首先对网络和面谈两种方式收集的数据进行方差分析，发现题项得分和企业基本属性在这两种数据收集方式中不存在显著性差异（$p>0.1$）。接着对前后期返回的问卷进行无响应偏差检验，结果表明前后两期反馈问卷的企业在企业规模、行业类型、企业性质等类型上无显著差异（$p>0.1$）。因此，本节中的样本不存在响应偏差。

表 3.1　样本的基本特征（$N=172$）

特征		企业个数	百分比/%
区域	华北地区	21	12.21
	华东地区	35	20.35
	华南地区	38	22.09
	华中地区	76	44.19
	其他地区	2	1.16
企业性质	国有企业	49	28.49
	中外合资	25	14.53
	民营企业	70	40.70
	外商独资	28	16.28
企业规模	100 人及以下	24	13.95
	101～200 人	14	8.14
	201～500 人	28	16.28
	501～1000 人	30	17.44
	1001～5000 人	43	25.00
	5000 人以上	33	19.19
行业类型	机械产品制造	33	19.19
	电子设备制造	31	18.02
	信息服务/软件	21	12.21
	批发零售业	14	8.14
	咨询/旅游	12	6.98
	金融/物流	12	6.98

续表

特征		企业个数	百分比/%
行业类型	医药/化工	12	6.98
	纺织/木材制造	9	5.23
	食品加工/烟草	8	4.65
	其他	20	11.62

3.3.2　测量工具

量表中主要包括商务战略、数字战略、动态能力、即兴能力和环境动荡性等构念。为了保证本量表的效度和信度，构念的测量主要参考已有的国内外成熟量表，并参考企业实地调研中企业管理者的意见。由于部分题型最初是英文表述，按照翻译和回译的标准程序，由本专业 2 名博士研究生将英文翻译为中文，再由 3 名硕士研究生将翻译后的中文回译为英文。项目组通过研讨会的形式对该量表的内容和表达进行了多次讨论，最终形成调查的问卷，让被试者对各个表述的赞同程度从 1～7 进行打分（1 表示"非常不同意"，7 表示"非常同意"）。

数字商务战略剖面主要反映组织架构/流程和 IT 架构/流程之间的三种关系[31,36]，体现在运作层面上商务战略和数字战略的不同匹配度，包括了匹配剖面（DBS_A）（即商务战略=数字战略，记为 0）、商务冗余剖面（DBS_B）（即商务战略>数字战略，记为 1）和技术冗余剖面（DBS_C）（即商务战略<数字战略，记为 2）。本节对该构念采用虚拟变量进行分析。

组织重构能力是为了适应变化的市场环境，组织应用数字化技术后对于企业原有商务能力的重新构造能力[1]。根据前人的研究，本章将组织重构能力区分为动态能力和即兴能力两类，均采用反映型指标测量。

环境动荡性指的是企业所面对的行业和市场竞争环境。通过参考前人的研究[13,21,52]，使用产品/服务个性化高、顾客需求变化快和竞争者数量多等方面进行测量，也采用反映型指标测量。

本章的控制变量包括：企业规模、企业性质、行业类型和市场化指数等。其中企业规模采用企业员工数量的定序数据来衡量；所有制则采用定类数据测量；行业类型采用定类数据测量，具体类别见表 3.1；市场化指数主要采用本节调查年份前三年（含当年）中国分省市场化指数的平均值。

3.3.3　共同方法偏差控制

本节主要采用同一来源数据，有可能存在共同方法偏差（CMB），并采用了事前预防和事后检验的措施将该问题最小化[53]。在事前预防上，采用匿名回答的方式，并在面谈收集问卷时，对因变量和自变量在测量的空间上、心理上进行适当分离，并补充了部分客观数据。在事后检验上，我们采用标签变量（marker variable）的方法[54,55]，选择相关系数最低的一项（即行业类型和数字商务战略）计算每个变量的偏相关系数。结果显示通过共同方法偏差调整（CMB-adjusted）后的相关系数与原先相比没有发生显著变化（$r \leqslant 0.05$，$p > 0.05$）。接着，利用共同方法偏差调整后的相关系数计算模型回归系数的前后变化，结果同样显示主要构念的回归系数前后差异为 $0.04 \sim 0.09$（卡方差异性检验也不显著，$p > 0.10$）。综上分析，本节不存在显著的方法偏差。

3.4　分　析　结　果

3.4.1　测量信度和效度

采用 SPSS 22.0 和 AMOS 18.0 对本次收集的数据进行信度与效度检验。首先，本节使用 SPSS 22.0 进行探索性因子分析（exploratory factor analysis，EFA），KMO（Kaiser-Meyer-Olkin）统计量为 0.891，并在 0.001 显著水平下通过检验，最终共提取出 4 个特征根大于 1 的因子（其中，动态能力和即兴能力作为组织重构能力的两个二阶构念），解释了 74.11% 的方差，因而指标具有良好的效度。此外，所有构念的 Cronbach's α 系数在 0.70 以上，确保了本节量表的信度。以上结果详见表 3.2。

表 3.2　构念测量和聚合效度分析

变量	指标	题项	因子负载	AVE
商务战略	BS1	更好地利用新兴数字技术的新商务机遇	0.845	
	BS2	加强信息获取、利用和共享实现更快的市场反应能力	0.887	0.718
	BS3	提供更多的增值服务满足客户需求（如个性化推荐）	0.808	
数字战略	DS1	新兴数字技术（如移动计算）支持各个平台（如在线交易、物流配送）的对接	0.846	
	DS2	新兴数字技术（如平台技术）支持与伙伴和顾客的集成	0.861	0.681
	DS3	通过数据标准化和系统模块化，将新兴数字技术作为重要的协同工具	0.765	
动态能力	DC1	企业能够灵活快速地选择合作伙伴（如增加、终止或更换等）	0.835	
	DC2	与合作伙伴灵活快速地共同应对客户需求变化（如提供产品和服务的新功能）	0.757	0.698
	DC3	与合作伙伴灵活快速地共同应对市场竞争变化（如新产品策略）	0.835	

续表

变量	指标	题项	因子负载	AVE
即兴能力	IC1	企业及时感知或意识到环境的突变（如政策变化、经济危机等）	0.853	0.698
	IC2	企业与合作伙伴共同发展新的合作技能应对环境的突变	0.861	
	IC3	企业及时地调整和重构现有的合作伙伴关系应对环境的突变	0.855	
	IC4	企业及时地做出各种商务决策应对环境的突变	0.829	
环境动荡性	ET1	我们企业的产品（或服务）个性化程度很高	0.861	0.617
	ET2	预测市场的需求变化非常困难	0.708	
	ET3	在我们行业中，竞争者的数量很多	0.780	

注：因子负载均在 0.001 水平上达到显著水平。

进一步，本节使用 AMOS 18.0 进行验证性因子分析（confirmatory factor analysis，CFA），样本数据和假设模型的拟合度好（$\chi^2/\mathrm{df}=1.241$，$p < 0.05$，GFI=0.912，CFI=0.973，RMSEA=0.03），因子负载在 0.70 以上，均达到 0.001 的显著性水平，所有 AVE 均在 0.6 以上，说明本节构念拥有良好的聚合效度。另外，即兴能力和动态能力的相关系数达到 0.849，也说明了将其视为重构能力二阶构念的合理性。经过对这些概念的效度和信度的检验，本节计算每个构念的因子得分，将该得分作为下一步进行似不相关回归分析的基础。构念的描述性统计信息和相关指标见表 3.2 和表 3.3。

表 3.3　描述性统计和相关系数

构念	DC	IC	DBS	ET	MKT	AREA	FS	FO	IND
DC	1								
IC	0.849***	1							
DBS	0.141*	0.090	1						
ET	0.379***	0.312***	0.035	1					
MKT	0.262***	0.259***	0.201***	0.054	1				
AREA	−0.240***	−0.270***	−0.066	−0.098	−0.596***	1			
FS	−0.010	0.050	0.133*	−0.152**	0.051	0.004	1		
FO	0.104	0.043	0.125	0.083	0.257***	−0.059	−0.097	1	
IND	0.195**	0.241***	0.001	0.177**	0.113	−0.232***	−0.113	−0.058	1
均值	4.898	4.823	1.087	4.963	6.699	4.721	3.890	2.448	10.54
标准差	0.963	0.914	0.756	0.867	1.102	1.616	1.663	1.072	4.277

注：DC 为动态能力；IC 为即兴能力；DBS 为数字商务战略；ET 为环境动荡性；MKT 为市场化指数；AREA 为地域；FS 为企业规模；FO 为企业性质；IND 为行业类型；*表示 $p < 0.05$，**表示 $p < 0.01$，***表示 $p < 0.001$。

3.4.2　假设检验

根据研究假设，我们将检验如下计量模型：

$$DC_i = a_0 + a_1 DBS\_B_i + a_2 DBS\_C_i + a_3 ET_i + a_4 ET_i \times DBS\_B_i$$
$$+ a_5 ET_i \times DBS\_C_i + a_6 FS_i + a_7 FO_i + a_8 IND_i + a_9 MKT_i + e_i \quad (3.1)$$

$$IC_i = b_0 + b_1 DBS\_B_i + b_2 DBS\_C_i + b_3 ET_i + b_4 ET_i \times DBS\_B_i$$
$$+ b_5 ET_i \times DBS\_C_i + b_6 FS_i + b_7 FO_i + b_8 IND_i + b_9 MKT_i + h_i \quad (3.2)$$

式中，a_0, b_0 为截距项；$a_1 \sim a_9$, $b_1 \sim b_9$ 为回归系数；e_i, h_i 为误差项；DBS_B 为商务冗余剖面；DBS_C 为技术冗余剖面；ET 为环境动荡性；FS 为企业规模；FO 为企业性质；IND 为行业类型；MKT 为市场化指数。由于两个模型均加入截距项，DBS_A 作为匹配剖面不在模型中出现。

同一企业 DC 和 IC 的扰动项存在相关，可能会影响对 DC 和 IC 的回归（如同一企业的文化特征会同时影响 DC 和 IC），而且我们通过表 3.3 的相关分析发现 DC 和 IC 存在较高的相关性。因此，本节采用似不相关回归分析进行模型估计，具体软件为 STATA 13.0。另外，为了避免进行交互效应分析可能出现严重的多重共线性风险，本节在构造交互效应时，对相关变量进行了中心化处理。似不相关回归结果见表 3.4。

表 3.4　似不相关回归结果（$N = 172$）

模型	组织重构能力（模型 1）		组织重构能力（模型 2）		组织重构能力（模型 3）	
	动态能力	即兴能力	动态能力	即兴能力	动态能力	即兴能力
常数项	7.054***	7.137***	5.014***	5.614***	4.284***	3.599**
	(5.00)	(5.31)	(3.98)	(4.40)	(3.04)	(2.57)
控制变量						
企业规模	YES	YES	YES	YES	YES	YES
企业性质	YES	YES	YES	YES	YES	YES
行业类型	YES	YES	YES	YES	YES	YES
市场化指数	−0.155	−0.199	−0.051	−0.119	−0.065	−0.140
	(−0.86)	(−1.16)	(−0.33)	(−0.76)	(−0.43)	(−0.93)
主效应						
商务冗余剖面 DSB_B			−0.605***	−0.478***	1.269	2.901***
			(−4.01)	(−3.13)	(1.37)	(3.35)
技术冗余剖面 DSB_C			0.143	0.070	0.262	1.987*
			(0.89)	(0.43)	(0.26)	(1.99)

续表

模型	组织重构能力（模型 1）		组织重构能力（模型 2）		组织重构能力（模型 3）	
	动态能力	即兴能力	动态能力	即兴能力	动态能力	即兴能力
环境动荡性 ET			0.312^{***}	0.227^{***}	0.493^{***}	0.681^{***}
			(4.54)	(3.27)	(3.46)	(4.26)
交互效应						
ET×DSB_B					-0.381^{**}	-0.679^{***}
					(−2.67)	(−3.73)
ET×DSB_C					−0.022	-0.375^{*}
					(−0.11)	(−1.98)
R^2	0.303	0.297	0.475	0.402	0.497	0.449
F(ΔR^2)			6.234^{***}	5.341^{***}	4.231^{**}	3.984^{**}
卡方检验（p 值）	75.04	73.07	155.56	115.79	170.16	140.36
	0.000	0.0000	0.000	0.0000	0.000	0.000

注：括号内数值为采用异方差调整后的标准误差计算的 t 值；*表示 $p < 0.05$，**表示 $p < 0.01$，***表示 $p < 0.001$；YES 为该变量作为虚拟变量纳入模型分析。

本章假设检验的过程如下。首先，在模型 1 中纳入控制变量，包括企业规模、企业性质、行业类型和市场化指数。其次，模型 2 在模型 1 的基础上纳入数字商务战略的三类剖面（匹配剖面作为对照组）和环境动荡性，我们发现相比匹配剖面，商务冗余剖面对动态能力（$\beta = -0.605$，$p < 0.001$）和即兴能力（$\beta = -0.478$，$p < 0.001$）产生显著负向作用。环境动荡性对动态能力（$\beta = 0.312$，$p < 0.001$）和即兴能力（$\beta = 0.227$，$p < 0.001$）产生显著正向作用。最后，模型 3 在模型 2 基础上进一步加入交互项，ET×DSB_B 和 ET×DSB_C，我们发现相比模型 2，模型的 R^2 得到了显著提升（F(ΔR^2)均在 0.01 水平上达到显著水平）。因此，我们选择模型 3 对研究模型进行假设模型的检验，发现相比匹配剖面，商务冗余剖面（$\beta = 2.901$，$p < 0.001$）和技术冗余剖面（$\beta = 1.987$，$p < 0.05$）对即兴能力产生显著正向作用，而商务冗余剖面和技术冗余剖面对动态能力不存在显著关系。因此，H3.2 得到了部分证明，即支持了组织冗余理论。另外，我们发现外部环境越动荡，相比 DSB_A，DSB_B 对动态能力和即兴能力存在显著负向作用，而 DSB_C 仅对即兴能力存在显著负向作用。因此，H3.3 得到了部分支持，即支持了 IT-业务战略匹配研究的主要结论。

进一步，我们采用平均边际效应图分析三种交互效应（90%置信区间水平），见图 3.1～图 3.3。我们发现：①当环境高度动荡时，相比 DSB_A，DSB_B 对动态能力和即兴能力存在显著负向作用，见图 3.1 和图 3.2。因此，IT-业务战略匹配的观点得到支持。②在低动荡环境下，相比 DSB_A，DSB_B 和 DSB_C 对于即兴能力是正向作用，见图 3.2 和图 3.3。因此，组织冗余理论得到了验证。据此，该结果得到了组织冗余理论和 IT-业务战略匹配的理论边界。

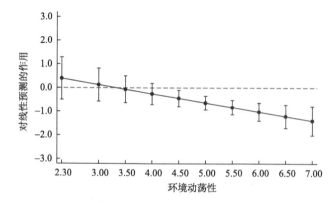

图 3.1　DSB_B 对动态能力的平均边际影响（90%置信区间）

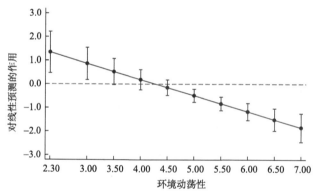

图 3.2　DSB_B 对即兴能力的平均边际影响（90%置信区间）

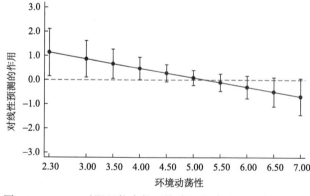

图 3.3　DSB_C 对即兴能力的平均边际影响（90%置信区间）

3.4.3　稳健性检验和内生性检验

为了保证结果的稳健性，本章从模型设定和替换变量等方面，分别重新做了检验。首先，作为 SUR 模型的对照，本章采用普通最小二乘（ordinary least squares，OLS）法对模型 3 重新进行估计，并在表 3.5 中的模型 4 和模型 5 中给出了结果。可以看出，SUR 估计得出结果与 OLS 估计所得的结论基本一致。其次，将动态能力和即兴能力合并为一个组织重构能力进行重新估计，见表 3.5 中的模型 6，可以发现整体系数估计及其符号没有发生太大改变。综上，本节的补充分析进一步表明所得结论的可靠性。

表 3.5　稳健性检验

变量	模型 4	模型 5	模型 6
	动态能力	即兴能力	组织重构能力
商务冗余剖面 DSB_B	1.677[*]	3.561[***]	3.101[***]
技术冗余剖面 DSB_C	0.287	2.102[*]	1.877[*]
环境动荡性 ET	0.593[***]	0.876[***]	0.776[***]
ET×DSB_B	−0.461[**]	−0.765[***]	−0.692[***]
ET×DSB_C	−0.087	−0.453[**]	−0.412[*]
R^2	0.567	0.495	0.451

注：本表省略了常数项和控制变量系数；采用异方差调整后的标准误差计算的 t 值；*表示 $p<0.05$，**表示 $p<0.01$，***表示 $p<0.001$。

针对本节中可能存在的因果互逆性的内生性问题，即组织重构能力的变化会影响数字商务战略剖面（本节采用定序变量测量）。本节采用两阶段 Heckman 检验对可能存在的因果互逆性进行检验[56]。具体过程如下：①分析数字商务战略剖面和组织重构能力的回归系数和 R^2；②进行两阶段 Heckman 检验。首先，将数字商务战略按照中位数分组，大于中位数设为 1，小于中位数设为 0，并使用 Probit 模型计算组织重构能力对数字商务战略剖面的回归系数。数据结果表明，组织重构能力对数字商务战略剖面均有显著性正向影响（$p < 0.05$），因此存在因果互逆的风险。其次，进一步计算逆米尔斯比率（inverse Mills ratio），将该比率与数字商务战略剖面一同纳入回归模型。最后，我们发现数字商务战略剖面的回归系数未发生显著改变。因此，本章的回归结果依旧是稳健的。

3.5　研究结论与讨论

本节基于数字商务战略相关文献，从数字商务战略的三层剖面（商务冗余剖面、技术冗余剖面和匹配剖面）分析数字商务战略对动态能力和即兴能力两种组织重构能力的影响机制。基于组织冗余和 IT-业务战略匹配的竞争性观点，本章提出并验证了在动荡环境干扰的情况下，三个数字化战略剖面对组织重构能力的两组竞争性假设。其中，H3.2 和 H3.3 得到了部分支持。本章研究结论基本支持了组织冗余理论的主流观点，进一步界定了组织冗余理论和 IT-业务战略匹配逻辑的理论边界。具体而言，所得的研究结论和实践启示如下所示。

3.5.1　研究结论

首先，数字商务战略对于组织重构能力的提升具有重要作用，在似不相关回归的全模型结果（模型 3）中，我们发现相比匹配剖面，冗余剖面（包括技术冗余剖面和商务冗余剖面）均对即兴能力具有显著的提升作用，而对于动态能力的提升作用不显著。因此，H3.2 得到了部分支持（H3.2b）。当前还缺乏实证研究对数字商务战略和组织重构能力之间关系的论证，对于数字商务战略还主要停留在理论研究。例如，Sambamurthy 等提出数字期权会促进伙伴、顾客和运作敏捷的理论框架[16]。Tiwana 等[47]则从实物期权的视角，分析了平台技术构架对于平台演化的影响机制。但这些研究主要关注于技术冗余[1,29,30]，并没有对组织重构能力中的动态能力和即兴能力进行区分研究[1,8]。

本章发现除了技术冗余剖面，商务冗余剖面也对组织重构能力中的即兴能力具有显著正向作用，基本支持了组织冗余理论的主流结论。这就说明了即兴能力的提升存在两种路径，即组织可以通过投资数字资源，也可以通过投资除数字资源外的商务资源来增加企业的即兴能力。这与 Ho 等[30]发现的 IT 投资与商务价值的 V 形关系一致。我们发现冗余剖面对于动态能力的影响不显著（H3.2a），可能是因为相比即兴能力，企业更习惯采用先前范式或惯例来培养相对平稳环境下所需的动态能力，而不需要调动冗余资源，进而可能会增加不确定风险。

其次，在考虑外部环境的干扰后（模型 3），我们发现在高动荡环境中，相比匹配剖面，商务冗余剖面对动态能力和即兴能力存在显著负向作用；技术冗余剖面对即兴能力存在显著负向作用，而对动态能力的负向作用不显著。因此，H3.3得到了部分支持，即相比冗余剖面，匹配剖面在高动荡环境下将对组织重构能力的提升具有正向显著作用。该结论给出了匹配剖面对组织重构能力（特别是即兴能力）的作用条件，并一定程度上解释了"匹配悖论"。类似地，Lee 等[10]也发现了 IT 双元性在高动荡环境下更有利于组织运作双元的形成。该发现也进一步解释了模型 2 的结果，纳入环境动荡性后，商务冗余剖面对动态能力和即兴能力存在显著负向作用。在模型 3 中，通过交互项的纳入，发现了冗余剖面对组织重构能力的影响可能会受到环境的干扰。因此，该发现也进一步界定了冗余理论的作用边界，即冗余剖面，特别是商务冗余剖面在动荡环境中不利于组织运营。该结论也与基于组织惰性和路径依赖的发现一致，即企业管理者在不确定环境下会倾向于现有资源和知识的利用[13,49]。

最后，通过补充的平均边际效应分析，我们发现了冗余剖面和匹配剖面对两种组织重构能力的具体影响机制，进一步确定了组织冗余理论和 IT-业务战略匹配的应用边界。具体来说，在高度动荡的环境下，相比匹配剖面，商务冗余剖面对动态能力和即兴能力有显著负向作用。因此，IT-业务战略匹配的观点得到支持，进而确定了 IT-业务战略匹配理论的应用边界。我们给出的解释是在高度动荡环境下，由于存在组织惰性和路径依赖效应，管理者更愿意通过现有的惯例或经验对现有业务流程等进行重构。相对应地，在较低动荡的环境下，相比匹配剖面，冗余剖面对于即兴能力具有显著的正向作用，因而得到了组织冗余理论的应用边界。对于该发现，我们的解释是在低动荡环境下，企业会尝试采用技术冗余和商务冗余来对组织现有业务流程进行重构以应对将来不确定、高风险的外部环境。

3.5.2　实践启示

首先，随着数字技术在各行各业不断普及和深入应用，企业管理者需要重视数字商务战略的制定和实施，进而促进组织重构能力的提升。而这就需要企业高层对商务管理者和技术管理者进行有效协调，并认识到新兴数字技术在商务战略中的日益重要地位，加快企业数字商务战略的制定，并保障其在企业业务流程上的顺利实施。

其次，数字商务战略对于组织重构能力的作用效果还与企业外部环境动荡程度相关。在高度动荡环境中，数字商务战略的匹配剖面相比冗余剖面更能带来组织重构能力；在低动荡环境中，数字商务战略的冗余剖面相比匹配剖面更能提升组织重构能力。因此，针对两类不同剖面的适用情景，企业管理者可以针对不同的外部环境类型，选取合适的数字商务战略来提升动态能力和即兴能力，以实现对于现有业务流程的有效重构。

最后，企业在数字商务战略的剖面选择和实施中还应结合企业自身内部的运营情况。例如，技术冗余和商务冗余的选择就取决于企业管理者对于企业自身优势的分析[30]。如果企业的核心竞争力与新兴数字技术无关，企业也是可以考虑充分地投资和利用现有的其他竞争力。而如果企业的核心竞争力与新兴数字技术息息相关，企业则可以在制定数字商务战略时，增加大数据、云计算和物联网等新兴数字技术的预算。

3.5.3　局限与研究展望

本章从数字商务战略的三层剖面（商务冗余剖面、技术冗余剖面和匹配剖面）分析数字商务战略对于两种组织重构能力的具体影响机制。研究结论基本支持了组织冗余理论的主流观点，也界定了组织冗余理论和 IT-业务战略匹配逻辑的理论边界，对我国企业管理者如何有效地制定数字商务战略，进而实现动态能力和即兴能力的过程进行了深入探讨。尽管在此基础上对于组织冗余理论和 IT-业务战略匹配文献进行了一定的丰富，并得到了一些对我国企业数字商务战略管理相关理论和实践具有参考价值的结论，但仍存在一些不足。未来研究可以从以下几个方面进行探索。首先，数字商务战略还是属于比较新的概念，业内也未形成统一，本章从三个剖面进行实证探讨，将来可以根据企业的实践进一步对该构念进行丰富和完善。其次，本章重点讨论了数字商务战略对于两种重构能力的关系，将来还可以进一步讨论它们与企业竞争绩效的关系，并通过收集相关财务数据来分析数字商务战略和组织重构能力对于企业绩效的影响。

参 考 文 献

[1] Pavlou P A, El Sawy O A. The "Third Hand": IT-enabled competitive advantage in turbulence through improvisational capabilities[J]. Information Systems Research, 2010, 21(3): 443-471.

[2] 李彬, 王凤彬, 秦宇. 动态能力如何影响组织操作常规?——一项双案例比较研究[J]. 管理世界, 2013, (8): 136-153.

[3] 刘丝雨, 吴志岩, 许庆瑞. 基于绩效反馈机制的组织能力重构研究[J]. 系统工程理论与实践, 2016, 36(11): 2853-2866.

[4] 胡畔, 于渤. 追赶企业的本地搜索、能力重构与创新绩效[J]. 科研管理, 2017, 38(7): 72-80.

[5] Teece D J. Explicating dynamic capabilities: The nature and microfoundations of (sustainable) enterprise performance[J]. Strategic Management Journal, 2007, 28(13): 1319-1350.

[6] Teece D J, Pisano G, Shuen A. Dynamic capabilities and strategic management[J]. Strategic Management Journal, 1997, 18(7): 509-533.

[7] 王铁骊, 高阳.企业信息系统与业务过程的协同研究综述[J].系统工程, 2007, (12): 80-85.

[8] 韵江, 王文敬. 组织记忆、即兴能力与战略变革[J]. 南开管理评论, 2015, 18(4): 36-46.

[9] 王建军, 昝冬平, 陈思羽. 动态能力和社会关系对企业绩效的作用机制:有调节的中介效用检验[J]. 管理工程学报, 2017, 31(1): 39-49.

[10] Lee O K, Sambamurthy V, Lim K H, et al. How does IT ambidexterity impact organizational agility?[J]. Information Systems Research, 2015, 26(2): 398-417.

[11] 罗仲伟, 任国良, 焦豪, 等. 动态能力、技术范式转变与创新战略——基于腾讯微信 "整合" 与 "迭代" 微创新的纵向案例分析[J]. 管理世界, 2014, (8):152-168.

[12] Pavlou P A, El Sawy O A. From IT leveraging competence to competitive advantage in turbulent environments: The case of new product development[J]. Information Systems Research, 2006, 17(3): 198-227.

[13] Tallon P P, Pinsonneault A. Competing perspectives on the link between strategic information technology alignment and organizational agility: Insights from a mediation model[J]. MIS Quarterly, 2011, 35(2): 463-486.

[14] Coltman T, Tallon P, Sharma R, et al. Strategic IT alignment: Twenty-five years on[J]. Journal of Information Technology, 2015, 30(2): 91-100.

[15] Tallon P P. A process-oriented perspective on the alignment of information technology and business strategy[J]. Journal of Management Information Systems, 2007, 24(3): 227-268.

[16] Sambamurthy V, Bharadwaj A, Grover V. Shaping agility through digital options: Reconceptualizing the role of information technology in contemporary firms[J]. MIS Quarterly, 2003, 27(2): 237-263.

[17] Daniel E M, Ward J M, Franken A. A dynamic capabilities perspective of IS project portfolio management[J]. The Journal of Strategic Information Systems, 2014, 23(2): 95-111.

[18] Mishra A N, Devaraj S, Vaidyanathan G. Capability hierarchy in electronic procurement and procurement process performance: An empirical analysis[J]. Journal of Operations Management, 2013, 31(6): 376-390.

[19] Ghasemaghaei M, Hassanein K, Turel O. Increasing firm agility through the use of data analytics: The role of fit[J]. Decision Support Systems, 2017, 101: 95-105.

[20] Liu H, Ke W, Wei K K, et al. The impact of IT capabilities on firm performance: The mediating roles of absorptive capacity and supply chain agility[J]. Decision Support Systems, 2013, 54(3): 1452-1462.

[21] Chakravarty A, Grewal R, Sambamurthy V. Information technology competencies, organizational agility, and firm performance: Enabling and facilitating roles[J]. Information Systems Research, 2013, 24(4): 976-997.

[22] Lu Y, Ramamurthy K R. Understanding the link between information technology capability and organizational agility: An empirical examination[J]. MIS Quarterly, 2011, 35(4): 931-954.

[23] Wamba S F, Gunasekaran A, Akter S, et al. Big data analytics and firm performance: Effects of dynamic capabilities[J]. Journal of Business Research, 2017, 70: 356-365.

[24] Gupta M, George J F. Toward the development of a big data analytics capability[J]. Information and Management, 2016, 53(8): 1049-1064.

[25] Ghasemaghaei M, Hassanein K, Turel O. Increasing firm agility through the use of data analytics: The role of fit[J]. Decision Support Systems, 2017, 101: 95-105.

[26] Gibson C B, Birkinshaw J. The antecedents, consequences, and mediating role of organizational ambidexterity[J]. Academy of Management Journal, 2004, 47(2): 209-226.

[27] Gerow J E, Grover V, Thatcher J, et al. Looking toward the future of IT-business strategic alignment through the past: A meta-analysis[J]. MIS Quarterly, 2014, 38(4): 1159-1185.

[28] 池毛毛, 赵晶, 李延晖, 等. EB 战略联盟的价值产生机制研究: 电子合作能力的中介和溢出效应[J]. 管理评论, 2017, 29(9): 229-238.

[29] Tallon P P, Queiroz M, Coltman T, et al. Business process and information technology alignment: Construct conceptualization, empirical illustration, and directions for future research[J]. Journal of the Association for Information Systems, 2016, 17(9): 563-589.

[30] Ho J, Tian F, Wu A, et al. Seeking value through deviation? Economic impacts of IT overinvestment and underinvestment[J]. Information Systems Research, 2017, 28(4): 850-862.

[31] Bharadwaj A, El Sawy O A, Pavlou P A, et al. Digital business strategy: Toward a next generation of insights[J]. MIS Quarterly, 2013, 37(2): 471-482.

[32] Cyert R M, March J G. A Behavioral Theory of the Firm[M]. Upper Saddle River: Prentice-Hall, 1963: 93-107.

[33] Singh J V. Performance, slack, and risk taking in organizational decision making[J]. Academy of Management Journal, 1986, 29(3): 562-585.

[34] George G. Slack resources and the performance of privately held firms[J]. Academy of Management Journal, 2005, 48(4): 661-676.

[35] Bourgeois L J. On the measurement of organizational slack[J]. Academy of Management Review, 1981, 6(1): 29-39.

[36] Gerow J E, Grover V, Thatcher J, et al. Alignment's nomological network: Theory and evaluation[J]. Information and Management, 2016, 53(5): 541-553.

[37] Svahn F, Mathiassen L, Lindgren R. Embracing digital innovation in incumbent firms: How Volvo cars managed competing concerns[J]. MIS Quarterly, 2017, 41(1): 239-253.

[38] Nambisan S, Lyytinen K, Majchrzak A, et al. Digital innovation management: Reinventing innovation management research in a digital world[J]. MIS Quarterly, 2017, 41(1): 223-238.

[39] Leischnig A, Wölfl S, Ivens B, et al. From digital business strategy to market performance: Insights into key concepts and processes[C]. International Conference on Information Systems, Seoul, 2017.

[40] Leischnig A, Woelfl S, Ivens B S. When does digital business strategy matter to market performance?[C]. International Conference on Information Systems, Dublin, 2016.

[41] Rai A, Pavlou P A, Im G, et al. Interfirm IT capability profiles and communications for cocreating relational value: Evidence from the logistics industry[J]. MIS Quarterly, 2012, 36(1): 233-262.

[42] Luftman J, Lyytinen K, Zvi T B. Enhancing the measurement of information technology (IT) business alignment and its influence on company performance[J]. Journal of Information Technology, 2017, 32(1): 26-46.

[43] 肖静华, 谢康, 冉佳森. 缺乏 IT 认知情境下企业如何进行 IT 规划——通过嵌入式行动研究实现战略匹配的过程和方法[J]. 管理世界, 2013, (6): 138-152.

[44] 姚明明, 吴晓波, 石涌江, 等. 技术追赶视角下商业模式设计与技术创新战略的匹配——一个多案例研究[J]. 管理世界, 2014, (10): 149-162.

[45] 李晓翔, 刘春林. 冗余资源与企业绩效关系的情境研究——兼谈冗余资源的数量变化[J]. 南开管理评论, 2011, 14(3): 4-14.

[46] Voss G B, Sirdeshmukh D, Voss Z G. The effects of slack resources and environmental threat on product exploration and exploitation[J]. Academy of Management Journal, 2008, 51(1): 147-164.

[47] Tiwana A, Konsynski B, Bush A A. Platform evolution: Coevolution of platform architecture, governance, and environmental dynamics[J]. Information Systems Research, 2010, 21(4): 675-687.

[48] Lei C, Ravichandran T, Andrevski G. Information technology, network structure, and competitive action[J]. Information Systems Research, 2010, 21(3): 543-570.

[49] 赵亚普, 张文红, 陈斯蕾. 动态环境下组织冗余对企业探索的影响研究[J]. 科研管理, 2014, 35(2): 10-16.

[50] 张延林, 肖静华, 谢康. 信息系统与业务战略匹配研究述评[J]. 管理评论, 2014, 26(4): 154-165.

[51] 王小鲁, 樊纲, 余静文, 等. 中国分省份市场化指数报告(2016)[M]. 北京: 社会科学文献出版社. 2017.

[52] Rosenzweig E D. A contingent view of e-collaboration and performance in manufacturing[J]. Journal of Operations Management, 2009, 27(6): 462-478.

[53] Podsakoff P M, MacKenzie S B, Lee J Y, et al. Common method biases in behavioral research: A critical review of the literature and recommended remedies[J]. Journal of Applied Psychology, 2003, 88(5): 879-903.

[54] Lindell M K, Whitney D J. Accounting for common method variance in cross-sectional research designs[J]. Journal of Applied Psychology, 2001, 86(1): 114-121.

[55] Malhotra N K, Kim S S, Patil A. Common method variance in IS research: A comparison of alternative approaches and a reanalysis of past research[J]. Management Science, 2006, 52(12): 1865-1883.

[56] Hsieh J J P A, Rai A, Xu S X. Extracting business value from IT: A sensemaking perspective of post-adoptive use[J]. Management Science, 2011, 57(11): 2018-2039.

第二篇　能力重构

第4章 企业平台双元性的实现构型研究

平台型组织为未来企业的主要形式之一，如何构建成功的平台型企业已经成为业内关注的重点。平台双元性（PA）又是平台型企业获取长期竞争优势的基础。本章以平台型企业作为实证研究对象，采用 160 家企业的调研数据，探讨平台双元性的主要因素和前因构型条件，分析平台技术、平台治理、环境动荡性和企业规模等前因要素的共同作用与相互作用对平台双元性的复杂影响机制。作为国内管理信息系统领域较早尝试采用基于模糊集的定性比较分析（fsQCA）方法的研究，本章发现高平台双元性（high platform ambidexterity，HPA）的两类主要构型：①当外部环境相对稳定时，可以通过建设平台基础设施（platform infrastructure，PI）和实施平台治理来实现平台双元性，对于大型企业而言还需要强调平台应用能力（platform utilization，PU）的培养和建设；②在高动荡环境的情景下，平台应用能力则成为平台双元性的关键原因条件，平台技术（尤其是平台应用能力）是实现平台双元性的关键原因条件。此外，平台治理（正式治理和关系治理）和平台基础设施均为实现高平台双元性的支持性要素。在实现平台双元性的过程中还应充分地考虑企业规模和环境动荡性的特点。本章丰富并发展企业平台双元性的相关理论，为企业管理者提供实现平台双元性的具体建议和措施。

4.1 概　　述

当前许多企业通过搭建电子商务平台开展平台经济，并通过平台的建设，利用平台整合和集聚等特性获取经济利益[1-3]。例如，国内网上订餐平台"饿了么"通过互联网将高度分散化的中国餐饮服务行业重新聚合，并利用电子商务平台的优势整合资源。因此，一个成功的电子商务平台企业要获得长期的成长，首先，要实现平台整合性（platform integration，PAI），有效地将平台上的参与双方连接起来，从而产生平台集聚效应。其次，面对竞争日益激烈的互联网行业，平台企业还需要适应平台用户的需求和市场竞争态势，即平台适应性（platform adaption，PAA）。同时具备整合性和适应性的平台企业被认为具备双元性[①][4,5]，这种双元性

[①] 本章双元性的概念主要基于情境双元性，更加适用于企业间或平台商务活动，并符合在激烈的平台竞争情境下企业的发展需求。

能够帮助平台企业获取长期竞争优势[4-6]。

然而，实现平台双元性与多个因素相关，是一个技术和商务要素相互作用的复杂过程。本章从平台技术和平台管理的角度综合分析平台双元性的形成。平台的构成部件包括了"硬件、软件、治理规则"[7,8]，其中，平台基础设施包含平台硬件和平台软件，平台应用能力则是应用平台硬件和平台软件的技术能力，属于平台技术要素；而治理规则是对平台参与者关系的一种管理和协调方式，包括正式治理和关系治理两种，属于平台管理要素。这两类要素的复杂作用将会影响平台运行的好坏。另外，平台双元性的形成还受到企业的内外部环境的影响，如市场竞争强度等外部环境将会影响到企业采用组织双元性的动机（即权衡探索和利用型商务活动）[9]，企业的规模大小则会通过资源约束影响企业对平台双元性的部署[10]。

在本章中，我们将摒弃传统的只关注单个要素对双元性的影响（如仅考虑平台技术或平台治理），而是从一个系统和全面的视角探究平台技术是如何与其他多个要素（平台治理、市场环境特征和企业规模属性）一同实现平台双元性的。考虑到这个过程中涉及多个要素之间的多方交互，并且可能存在多个形成平台双元性的等效路径，本章采用 fsQCA 开展研究，该方法能够有效地处理多个因素同时构成的构型[11,12]，即分析平台技术如何与其他因素构成因果配方（causal recipes）来实现平台双元性。本章基于 160 家企业的调研数据，通过 fsQCA2.5 软件进行计算，发现实现平台双元性的多个等效路径。

本章将具体研究如下因素如何共同影响平台双元性。首先，本章聚焦平台技术，包括平台基础设施和平台应用能力如何实现平台双元性。其中，平台基础设施包括平台软件和平台硬件。平台应用能力反映平台企业利用 IT 技术开展平台商务活动的能力。本章聚焦于这些平台技术是如何促进平台整合和平台适应，因此，第一个研究问题是这些平台技术如何与其他要素同时帮助平台双元性的实现。其次，平台治理是强调平台参与双方关系的管理和控制。本章将平台治理区分为正式治理和关系治理两个方面[13-17]。正式治理和关系治理将保障平台双方的商务活动，从而促进平台整合和平台适应，即平台双元性。因此，第二个研究问题是平台治理如何与平台技术等要素同时促进平台双元性的实现。最后，在平台双元性的形成过程中，企业还应考虑企业内外部特征，如环境动荡性和企业规模[10]。环境动荡性将会影响企业追求平台双元性的动机[4,9,18]，而企业规模则会影响企业建设平台双元性所具备的资源和阻力[19]。因此，第三个研究问题是环境动荡性和企业规模如何与平台技术共同影响平台双元性的实现。

4.2　文　献　综　述

4.2.1　平台技术和情境双元性

近些年，关于"通过 IT 促进企业形成双元性"的议题引起了研究者的兴趣。研究者主要从结构双元和情境双元视角分析 IT 构建双元性组织，并获取企业的长期竞争优势的过程。Lee 等[9]基于能力构建的过程，分析在动荡环境下，IT 双元性（IT 利用能力和 IT 探索能力）影响运作双元性（运作利用能力和运作探索能力），进而形成企业敏捷的作用过程。Mithas 和 Rust[20]发现了双元性 IT 战略（即同时增加收益和降低成本）有利于企业绩效的获取。近年来，Im 和 Rai[21]将情境双元视角引入信息系统领域，通过组织情境设计（包括 IT 设计和组织设计）来实现知识共享双元，进而获取关系价值。他们还从组织间信息系统使用的视角来研究 IT 支持组织间协调，并形成情境双元[22]。

然而，以往 IS 研究主要关注 IT 技术或 IT 能力对组织双元性的支持或使能作用，尚没有针对数字化时代，聚焦平台技术是如何帮助企业获取平台双元性的研究。平台技术包括了多个维度以及平台软件、硬件和应用能力等多个要素。先前研究往往只关注某个 IT 维度（IT 基础设施、IT 项目支出等），缺乏从多个 IT 维度系统研究对双元性的影响。对于数字化时代的平台企业，组织双元性的形成过程非常复杂，需要多个因素的综合作用。先前研究主要基于回归方法研究 IT 要素和组织双元的二元关系[21,22]（更进一步研究关注 IT 要素和环境的交互效应对组织双元的影响[9]），但缺乏从一个完整的角度分析 IT 要素和企业内外部要素的多方复杂作用过程对组织双元性的影响机制。

4.2.2　平台治理和情境双元性

平台商务活动已经不仅仅依赖于 IT 的使能作用，而更加注重对平台商务活动的管理和控制。基于 Gibson 和 Birkinshaw[5]关于情境双元的研究，他们认为组织情境因素由纪律、扩展、支持和信任这四种行为属性构成。这四类属性形成了组织情境的绩效管理和社会支持两个维度，进而影响情境双元性的形成。平台治理（包括正式治理和关系治理）作为情境因素，将保障平台参与者的商务活动从而实现 IT 应用的双元性。其中，正式治理是企业采用正式的结构和协调方式来组织平台日常商务活动[14,23,24]；关系治理则是企业通过围绕一个共同目标而发展起来的平台关系网络和成员依赖性[13,23,24]。正式治理是一种硬性要素，类似于纪律和扩展属性，提供双方达成目标的压力；关系治理是一种软性要素，类似于支持和信任属性，保障双元目标的形成。

然而，前人研究主要关注于软件平台的治理，并聚焦于软件平台的决策权力是掌握在谁手中，如平台拥有者还是软件开发商[25-27]。另外，鲜有研究考虑治理机制和IT技术的复杂交互作用对双元性的影响，前人研究仅考虑治理机制的作用[28]。本章关注平台上双方关系的管理和控制，通过平台治理和平台技术等其他关键要素的复杂作用来形成情境双元性。

4.3 理 论 框 架

基于情境双元性的文献，从适应性和整合性两个方面定义平台双元性。结合IS领域关于双元性和平台的研究，识别了平台技术（包括平台基础设施和平台应用能力）、平台治理（包括正式治理和关系治理）及企业内外部特征（包括企业规模和环境动荡性）等要素对实现平台双元性的关键作用。本章考虑平台技术、平台治理和内外部特征的原因如下。

（1）本章从平台技术和平台管理视角综合分析平台双元性，而平台的构成部件包括"硬件、软件、治理规则"[8]。本章的平台技术对应平台的硬件和软件（包括平台基础设施和平台应用能力），而平台管理则对应于对平台参与者的治理规则（包括正式治理和关系治理）。

（2）内外部特征（包括企业规模和环境动荡性）分别代表了企业内外部因素对获取平台双元性的影响。企业规模是企业内部属性，规模大小则会通过资源约束影响企业对平台双元性的部署。纳入企业规模，也有利于分析不同规模企业在平台双元性实现路径上的差异。例如，Park 和 EI Sawy[29]将企业规模纳入构型研究，发现在获取高绩效构型中企业规模的具体属性。市场竞争强度等外部环境动荡性将会影响企业采用组织双元性的动机[9,10]。环境动荡性也是在数字化背景下，IT研究者普遍关注的外部因素，例如，EI Sawy 等[10]通过构型方法研究了IT系统、动态能力和环境动荡性所构成的数字生态动态性。

4.3.1 平台属性和平台双元性

1）平台基础设施和平台双元性

平台基础设施包括平台软件和平台硬件，能够支持平台双元性。首先，平台硬件为双方参与平台活动提供了必要的服务器等相关资源，保障企业能够充分地利用平台技术带来的相关利益。其次，平台软件则为平台参与双方提供了互动接口，促进双方的信息共享和商务活动，从而增强用户体验并为用户创造价值。因此，平台基础设施通过平台硬件和软件提供平台企业实现双元性的软硬件基础。

2）平台应用能力和平台双元性

平台应用能力是平台企业利用 IT 技术开展平台商务活动的能力。这种平台应用能力一方面能够促进平台企业实现平台参与双方的流程整合，保障双方商务活动的顺利开展；另一方面给予平台企业利用平台技术实现商务创新的潜能，进而适应用户需求。因此，平台应用能力能够同时实现平台整合和平台适应，即平台双元性。

4.3.2　平台治理和平台双元性

前人对 IT 治理进行大量的研究，发现 IT 治理是为了保障 IT 投资预期的实现并规避潜在的 IT 风险[30]。平台治理不同于 IT 治理，侧重于平台参与双方关系的管理和控制。按照不同的关系管理方式，本章将平台治理区分为正式治理和关系治理两个方面。通过建立正式治理和关系治理机制，保障了企业能够有效地实现平台整合和平台适应，如正式治理更多地将平台整合性以规章制度的形式进行规定；而关系治理则增加了平台适应性，给予了更多平台柔性，进而有利于开展探索性商务活动。文献[28]和[31]在 IT 外包背景中研究通过平衡关系治理和正式治理来开展 IT 外包服务，并发现二者对系统开发双元性的影响机制。因此，通过平台治理能够保障平台双元性的实现。

4.3.3　企业内外部特征和平台双元性

依据双元理论和构型理论（configurational theories）的相关研究[4,10,18]，本章主要考虑企业规模和环境动荡性对平台双元性的干扰影响。

1）企业规模和平台双元性

企业规模是影响双元性的重要因素，一般来说小企业更加灵活，更易于形成双元性组织。例如，早期的 Apple 公司就通过灵巧的组织结构迅速占领个人计算机市场。而大企业虽然拥有大量的资源，但由于存在路径依赖，往往在实现双元性的过程中遇到各种阻力。例如，一个曾经卓越的创新引领者 Apple 公司，如今就已深陷创新者的窘境[32]。因此，企业规模被认为是实现平台双元性的重要权变因素。

2）环境动荡性和平台双元性

环境动荡性是平台企业需要考虑的重要外部环境因素，包括竞争强度和顾客个性化[33]。一般来说动荡性环境不利于企业的绩效增长。当顾客个性化高时，由于面临更高失败的风险，企业在研发新产品或新服务等方面上存在阻力。同时，高强度的竞争也不利于企业进行价格战或价格歧视，从而减缓了现有市场的增长。环境动荡性影响企业如何选择利用和探索商务活动，即组织的双元性。因此，环境动荡性也被认为是平台双元性的重要影响因素。

传统的基于相关关系的线性方法假定这些因素都是独立的，并聚焦这些因素对结果的净效应[11]。这些方法虽然在估计主效应时有比较高的解释力，但是不能够解释平台技术、平台治理、企业规模和环境动荡性等多个因素的多方交互所表现出来的非线性特征。因此，为了回答本章的问题，本章将采用基于集合理论的方法来探索和解释这种复杂作用过程。

4.4　研　究　方　法

4.4.1　数据收集

本章的数据来源多样，如下。

（1）研究通过对武汉市的神龙汽车有限公司等 10 余家企业的 IT /商务主管或高层经理进行焦点小组访谈，深入了解这些企业在实现平台双元性的主要考虑因素。

（2）在相关行业机构（电子商务协会）和政府部门（市经济和信息化委员会）的支持和配合下，使用网络和面谈的方式，向全国信息化程度较高的企业发放问卷 700 份。采用配额抽样（quota sampling）的方法确定被调查企业名单：基于行业机构和政府部门获取的已建立信息系统或电子商务平台的企业名单，根据不同城市的企业数，按照比例配额确定最终的调查企业名单，每家公司我们将发放一份问卷。问卷均要求企业信息化部门和商务部门负责人等中高层管理者填写。在经过电话和邮件等方式督促的情况下，我们在一个多月内共回收有效问卷 160 份，有效回收率为 22.86%。样本特征见表 4.1。

表 4.1　样本特征（*N* = 160）

特征		企业个数	百分比/%
区域	华北地区	19	11.9
	华东地区	37	23.1
	华南地区	32	20.0
	华中地区	68	42.5
	其他地区	4	2.5

	特征	企业个数	百分比/%
企业性质	国有企业	48	30.0
	中外合资	28	17.5
	民营企业	62	38.7
	外商独资	22	13.75
行业类型	机械产品制造	26	16.25
	电子设备制造	23	14.375
	信息服务/软件	22	13.75
	批发零售业	20	12.5
	咨询/教育/旅游	14	8.75
	金融/物流	13	8.125
	食品加工	15	9.375
	医药/化工	10	6.25
	纺织/皮毛制造	12	7.5
	其他	5	3.125
上市企业	是	87	54.4
	否	73	45.6

（3）通过 Oriana 亚太公司财务数据库和中国上市企业数据库收集二手数据，以补充并验证访谈和问卷数据。

针对问卷数据，采用比较早期和后期收集到的问卷来检验是否存在无响应偏差。结果表明两组样本在企业规模、所有制类型等方面上不存在显著差异（$p>0.1$）。因此调查样本不存在响应偏差[34]。另外，为了避免共同方法偏差（CMB），本章遵循如下程序设计问卷[35]：①开发清晰并简明的题项。②采用匿名的方式收集问卷。③变量采取不同的获取和测量方式，如既有问卷数据又有二手数据；既有采取 7 点量表测量的变量，又有采取 5 点量表测量的变量。数据回收后，我们主要采用如下两种方法进行共同方法偏差的检验。首先，采用 Harman 单因素方法检验共同方法偏差，发现首个因子的方差解释度为 38.81%（低于 50%）[36]。其次，引入方法因子（method factor）的方法[35]。通过计算，发现方法因子解释了 0.005 的方差，而且绝大多数方法因子的负载均不显著。综上分析，本章不存在显著的共同方法偏差。

4.4.2　构念测量和赋值

本章的构念主要通过利克特量表获取。为了确保量表的效度和信度，主要变量的测量尽可能参考已有的成熟量表，同时考虑了我国企业电子商务管理的实践。我们通过如下四个步骤设计问卷：①由于部分题项最初是英文的，按照翻译和回译的程序，由本专业的 2 名博士研究生将英文题项翻译为中文，再找 3 名硕士研究生将题项回译成英文，通过对比确保了问卷翻译的准确性；②通过两步 Q-sorting 来确定内容效度（content validity）和表面效度（face validity）[37]；③通过 5 位对于电子商务平台应用比较了解的学术专家与 2 位行业专家对问卷内容、格式等进行评估和修正；④选择 20 家武汉当地企业进行初测（pilot test），验证构念的信度和效度。通过这些程序，保证了问卷的有效性。

1）平台双元性

平台双元性（PA）反映在平台的整合性和适应性两个方面。其中，整合性即整合平台参与者的相关资源和活动以实现合作目标；适应性即能够适应平台参与者的需求和环境的变化[5]。本章采用利克特七点量表来分别测量平台整合性和平台适应性，具体指标见表 4.2。由于该构念是基于情境双元理论结合平台特征开发的，本章采用德尔菲法对初步设计的题项进行 3 轮迭代，最终确定了平台适应性和平台整合性的 6 个相关指标。

表 4.2　信度和效度分析

构念	题项	因子负载	Cronbach's α	CR	AVE
正式治理（FG）	对平台技术支持企业间商务活动进行了规划	0.642**	0.790	0.802	0.577
	制定了企业间商务合作中平台系统的应用方案	0.790***			
	与伙伴达成协议，共同应对市场竞争的不确定性	0.834***			
关系治理（RG）	合作双方彼此相信对方的承诺	0.880***	0.925	0.926	0.807
	相关决策有利于双方的长期合作关系	0.938***			
	愿意维持和发展互信的合作关系	0.875***			
平台应用能力（PU）	与平台参与者进行合作中，（　）%商务流程必须依赖于平台技术才能完成	0.846***	0.898	0.900	0.751
	与平台参与者进行合作中，（　）%商务数据通过平台技术被双方共享	0.816***			
	与平台参与者进行合作中，（　）%商务活动通过平台技术实现	0.933***			

续表

构念	题项	因子负载	Cronbach's α	CR	AVE
平台整合性 （PAI）	与平台参与者在线共享不断更新的产品/服务信息	0.889***	0.912	0.913	0.778
	提供交易信息和状态的在线查询等功能，支持平台参与者在线查询	0.894***			
	在线共享产品交付信息，支持平台参与者跟踪和提供后续服务	0.862***			
平台适应性 （PAA）	企业能够灵活快速地选择平台参与者（如增加、终止或更换等）	0.844***	0.919	0.919	0.791
	与平台参与者灵活快速地共同应对客户需求变化	0.941***			
	与平台参与者灵活快速地共同应对市场竞争变化（如新产品策略）	0.880***			
环境动荡（ET）	企业的产品（或服务）个性化程度很高	0.664*	0.733	0.758	0.615
	企业的产品（或服务）在市场上的需求增长率很高	0.888***			
平台技术（PT）	IT 硬件设施支持各个系统平台（如在线交易、物流配送及资金结算等）和平台参与者的对接	0.563*	VIF（1.68）		
	软件或功能组件支持平台系统的集成和扩展	0.543**			

注：***表示 $p < 0.001$，**表示 $p < 0.01$，*表示 $p < 0.05$；平台技术为构成型构念（formative construct），采用权重和方差膨胀系数（variance inflation factor，VIF）验证其有效性。

根据双元性的测量惯例[5]，本章通过计算平台整合性和平台适应性的交互值来表征平台双元性。最终得到平台双元性的得分（2～49）。因此，针对高平台双元性，我们将"49"定为完全隶属成员，"24.03"则为分界线，"2"为完全不隶属成员。通过 3 个阈值的设定，fsQCA 将这些值转换为 0～1 的模糊得分[12]。而低平台双元性则设定"2"为完全隶属成员，"49"为完全不隶属成员，"24.03"则为分界线，并通过 fsQCA 将这些值转换为 0～1 的模糊得分。

2）平台技术

平台基础设施（PI）是指企业构建的平台所具备的硬件和软件基础设施。本章采用构成型指标测量，包括硬件和软件基础设施[33,38,39]。通过利克特七点量表获取相关数据，并计算平台基础设施的均值。因此，我们将"7"定为完全隶属成员，"4"为分界线，"1"为完全不隶属成员。通过这 3 个阈值的设定，fsQCA 将这些值转换为 0～1 的模糊得分。

平台应用能力（PU）是指企业应用信息系统平台的能力，题项修改自

Bharadwaj 等[40,41]的研究。考虑平台特点，采用平台的数字化程度测量，包括流程比率、数据比率、活动比率等方面，并利用 5 点定距的方式测量并收集数据。其中"1"表示 0%~20%，"2"表示 21%~40%，"3"表示 41%~60%，"4"表示 61%~80%，"5"表示 81%~100%。接着，计算平台应用能力的均值。因此，我们将"5"定为完全隶属成员，"3"为分界线，"1"为完全不隶属成员。通过这 3 个阈值的设定，fsQCA 将这些值转换为 0~1 的模糊得分。

3）平台治理

平台治理（PG）主要基于平台活动的关系管理，包括正式治理和关系治理。

正式治理（FG）是企业采用正式的结构和协调方式来组织平台商务活动。正式治理是一种硬性要素，类似于纪律和扩展属性，提供双方达成目标的压力。本章使用利克特七点量表，主要参考 Hoetker 和 Mellewigt[14]的研究，采用 4 个指标测量，通过计算均值得到正式治理的得分。因此，"1"为完全不隶属成员，"4"为分界线，"7"为完全隶属成员。通过这 3 个阈值的设定，fsQCA 将这些值转换为 0~1 的模糊得分。

关系治理（RG）是企业通过围绕一个共同目标而发展起来的网络关系和成员依赖性。关系治理是一种软性要素，类似于支持和信任属性，保障双元目标的形成。本章使用利克特七点量表，基于 Wang 和 Wei[13]的研究，采用彼此承诺、决策合作、维持合作和商议解决等指标，并通过计算均值得到关系治理的得分。因此，"1"为完全不隶属成员，"4"为分界线，"7"为完全隶属成员。通过这 3 个阈值的设定，fsQCA 将这些值转换为 0~1 的模糊得分。

4）企业内外部特征

企业规模（FS）采用员工数量测量，数据来源于 Oriana 亚太公司财务数据库和中国上市企业数据库，500 人以上为完全隶属成员，100 人为分隔线，20 人以下为完全不隶属成员。通过这 3 个阈值的设定，fsQCA 将这些值转换为 0~1 的模糊得分。

环境动荡性（ET）表示市场环境的波动性。采用利克特七点量表收集数据，参考 Rosenzweig[42]以及 Rai 和 Tang[33]，采用个性化程度和需求增长（表示市场竞争强度）两个指标，通过计算均值衡量市场环境属性。因此，"1"为完全不隶属成员，"4"为分界线，"7"为完全隶属成员。通过这 3 个阈值的设定，fsQCA 将这些值转换为 0~1 的模糊得分。

综上，本章研究相关构念集合运用的"Calibrate"程序赋值标准见表 4.3。

表 4.3　"Calibrate"程序赋值标准

构念	阈值		
	完全不隶属成员	分界线	完全隶属成员
高平台双元性（HPA）	2	24.03	49
低平台双元性（LPA）	49	24.03	2
平台基础设施（PI）	1	4	7
平台应用能力（PU）	1	3	5
正式治理（FG）	1	4	7
关系治理（RG）	1	4	7
企业规模（FS）	20	100	500
环境动荡性（ET）	1	4	7

4.4.3　测量信度和效度

采用 SPSS 22.0 和 AMOS 18.0 对量表进行信度与效度分析。首先，本章使用 SPSS 22.0 进行探索性因子分析（EFA），KMO 统计量为 0.826，并在 0.001 显著水平下通过检验。最终共提取 6 个特征根大于 1 的因子，解释了 83.12%的方差，因而指标具有良好的效度。另外，所有构念的 Cronbach's α 系数和组成信度（CR）均在 0.7 以上（表 4.2），确保了本章量表的信度[43,44]。接着，本章使用 AMOS 18.0 进行验证性因子分析（CFA），结果显示模型拟合优度比较高（RMSEA=0.058，χ^2/df=1.535，GFI=0.900，CFI=0.969，NFI=0.918）[45]，因子负载在 0.60 以上，所有 AVE 均在 0.5 以上，说明本章构念拥有良好的聚合效度[43,44]。经过对这些构念的效度和信度检验，本章计算每个构念的题项均值，将该构念得分作为下一步数据分析的基础[46,47]。构念的描述性统计信息和相关矩阵见表 4.4。

表 4.4　构念的描述性统计信息和相关矩阵

	FG	PI	PAI	PAA	RG	ET	FS	PU
FG	1							
PI	0.545**	1						
PAI	0.431**	0.517**	1					
PAA	0.382**	0.435**	0.533**	1				
RG	0.393**	0.384**	0.378**	0.395**	1			
ET	0.185*	0.154	0.224**	0.304**	0.288**	1		

	FG	PI	PAI	PAA	RG	ET	FS	PU
FS	0.089	0.145	−0.006	−0.025	−0.046	−0.145	1	
PU	0.364**	0.449**	0.409**	0.394**	0.227**	0.124	0.154	1
均值	4.990	4.897	4.777	4.888	5.533	5.072	3.988	2.831
标准差	0.935	1.191	1.165	1.107	0.883	1.102	1.629	1.211

注：**表示 $p < 0.01$，*表示 $p < 0.05$。

4.4.4 基于模糊集的定性比较分析

平台双元性的形成是一个复杂的作用过程，是平台技术、平台治理和企业内外部特征等多方交互作用的结果。这种多方交互能够通过一种复杂的作用过程（如互补效应和替代效应）实现平台整合性和平台适应性的平衡。平台双元性并不能由多个因素来分别产生，而是由多个要素，如平台技术、平台治理和企业内外部特征等共同作用和相互作用而产生的。因此，本章将摒弃基于方差理论（variance theories）的以解释变量和被解释变量关系为基础的统计方法，而采用基于构型理论的模糊集构型方法来揭开这种复杂的因果关系[11]。具体来说，本章将使用 fsQCA 来分析平台技术、平台治理和企业内外部要素共同作用于平台双元性的机制。与传统的基于方差理论的统计方法相比，fsQCA 具有得天独厚的优势。

（1）不同于传统统计方法聚焦于解释变量对结果变量的净效应，fsQCA 将一系列要素视为原因条件，并挖掘导致结果发生的多个原因条件的构型[12]。本章采用 fsQCA2.5 软件，能够识别多个“等效（equifinal）”构型来产生平台双元性，从而解释了平台技术、平台治理和企业内外特征之间相互作用，以及其对平台双元性的影响作用。传统基于相关分析的线性模型尽管可以解释 2~3 个变量对结果变量的交互作用，但对于多个变量的交互作用的分析就比较困难。而 fsQCA 能够有效地处理 3 个变量以上的交互效应[11]。本章分析 6 个变量的共同相互作用是如何形成平台双元性的不同构型的。

（2）在分析原因要素形成平台双元性的主要构型的过程中，fsQCA 综合了定性和定量的分析思想。fsQCA 的定量特性体现在测量每个要素的值，进而决定在集合中个案的成员得分，而定性特性体现在成员得分决定了个案是否隶属某个集合。每个成员的阈值为 0~1，其中“0”表示完全不隶属成员，“1”表示完全隶属成员，“0.5”是分界线。例如，平台基础设施得分为“7”的企业则是完全隶属成员，得分为“1”的企业则是完全不隶属成员，得分为“4”则属于分界线。

传统统计分析方法并没有定义个案的成员隶属等定性特征。因此，通过校准过程（calibration），研究者通过对个案的了解可以决定完全隶属成员和完全不隶属成员[11,12]。本章将基于相关理论校准通过问卷方式获取平台双元性和前因条件等相关要素的数据。

（3）fsQCA 还能够分析哪些要素或哪一组要素是结果变量（平台双元性）的必要或充分条件。传统统计分析方法主要假定了每个解释变量是结果变量的必要且充分条件，但是 fsQCA 中的每个要素或要素集合可以是必要的、充分的、两者皆是或者两者皆否。

因此，fsQCA 的这些特性有利于解释平台技术和平台治理等要素在形成平台双元性的有效构型中的复杂因果路径。虽然传统聚类分析方法也可以找到产生结果的不同类别，但 fsQCA 可以打开不同类别的"黑匣子"，解释在同类别中不同要素是如何与其他要素交互作用来产生结果的，并描述每个要素在不同类别中的角色。因此，fsQCA 能够解释在不同构型中为形成平台双元性，各种前因要素的复杂动态作用过程。最后，通过比较不同构型的异同点，进一步分析平台技术、平台治理和企业内外部特征在形成平台双元性过程中的多重角色。

4.4.5　数据分析过程

在校准每个要素到集合成员后，fsQCA2.5 采用真值表算法得到原因条件的不同构型，从而产生平台双元性。软件首先会构建真值表（truth table），列出所有可能的因果条件的逻辑组合（每个条件的值为 1 或 0）。本章包括了 6 个因果条件，真值表将包括 2^6（64）个潜在构型数量。每个样本将会分配到这 64 个行当中，因此可能造成有些行没有样本，而另一些则包括多个样本，被称为有限多样性[11,12]。fsQCA 将通过布尔代数最小化因果条件的数目。如果两个条件 A 且 B，以及条件 A 且非 B 能够引起一个结果 C，则通过布尔代数（A&B＋A&～B＝A）可以得到 A 能够引起该结果 C。对于没有样本的列，fsQCA 将采用反事实分析进一步在构型中最小化因果条件的数量，从而得到更简洁的构型。通过简单反事实和困难反事实分析[12]，fsQCA 会简化筛选的构型。通过综合应用简单和困难反事实分析，fsQCA 将得到简洁解（parsimonious solution），该结果的因素是与结果变量有着高因果关系的核心要素[47]。只采用简单类反事实分析的结果为中间解（intermediate solution），相比于核心要素，该解是与结果变量有着较弱因果关系的辅助要素。因此，结合中间解，可以解释哪个要素在产生结果变量的过程中是核心要素或辅助要素。

4.5　数据分析结果

4.5.1　单项前因变量的必要性和充分性分析

我们首先对各个条件变量是否是结果变量的必要和充分条件进行检验。如表 4.5 所示,所有单项条件变量对结果变量(高平台双元性和低平台双元性)的实现都不构成充分必要条件。接下来,我们分别对必要性和充分性条件进行分析。首先,从必要性看,需要分析各个单项前因条件对高平台双元性形成的必要性条件。结果显示,除~RG、~FG 和~PI 外的各个单项前因条件影响低平台双元性的覆盖率均未超过 0.9,既不构成也不近似于必要条件。其次,从充分性角度,FG、RG、PI 和 ET 是实现高平台双元性的近似充分条件(一致率接近于 1),其余单项前因变量对高平台双元性的形成均不构成充分条件。另外,RG 是导致低平台双元性的近似充分条件。

表 4.5　条件变量的必要条件和充分性检验

前因条件	前因条件的充分性		前因条件的必要性	
	一致率		覆盖率	
	高平台双元性	低平台双元性	高平台双元性	低平台双元性
FG	0.968697	0.872795	0.663066	0.649317
~FG	0.487674	0.547102	0.779121	0.949990
RG	0.996739	0.943358	0.605499	0.622851
~RG	0.487674	0.402496	0.779121	0.992601
PI	0.946655	0.811112	0.677242	0.630680
~PI	0.483762	0.584903	0.702063	0.922582
PU	0.722447	0.538222	0.771019	0.624304
~PU	0.647972	0.802592	0.563521	0.758621
ET	0.932699	0.876275	0.633112	0.646481
~ET	0.479197	0.502700	0.780871	0.890329
FS	0.709926	0.690148	0.661682	0.699125
~FS	0.677188	0.666027	0.667867	0.713918

注:"~"指逻辑非。

4.5.2　平台双元性的前因条件构型

各个前因要素的充分性和必要性的检验表明,单个要素条件对高平台双元性或低平台双元性的解释力较弱。因此，本节将进一步将这些前因要素条件纳入 fsQCA，分析高平台双元构型和低平台双元构型的构成要素，结果见表 4.6 和表 4.7。下面将分别对高低两种平台双元企业构型的结果进行分析。

1）高平台双元企业构型

通过 fsQCA2.5 对 160 家企业的数据进行分析，计算得到的高平台双元性的结果显示（表 4.6），总体一致性为 0.870893，大于 0.8 的阈值，覆盖率达到了 0.79。研究发现了 4 条获取高平台双元性的不同路径，即 Ha1、Ha2、Hb1 和 Hb2，证明了构型视角的"殊途同归"的重要特性。

表 4.6　高平台双元性构型

构型结果	高平台双元性（HPA）			
	Ha		Hb	
	Ha1	Ha2	Hb1	Hb2
平台技术（PT）				
平台基础设施（PI）	●	●	●	●
平台应用能力（PU）	⊗	●	*	*
平台治理（PG）				
正式治理（FG）	●	●	●	●
关系治理（RG）	●	●	●	●
环境动荡性（ET）	⊙	⊙	●	
企业规模（FS）		●		●
原始覆盖率	0.403287	0.421156	0.670667	0.538933
唯一覆盖率	0.022564	0.000522	0.134342	0.000783
一致性	0.852495	0.875542	0.870640	0.863532
总体覆盖率	0.792618			
总体一致性	0.824112			
频率阈值	3			
一致性阈值	0.870893			

注：*代表核心因果性条件存在；⊙ 代表核心因果性条件缺席；●代表辅助因果性条件存在；⊗代表辅助因果性条件缺席；"空白"表示构型中该条件可存在，也可不存在。

在平台技术、平台治理、环境动荡性和企业规模等多个因素的复杂作用下，高双元性企业呈现出两种主要构型：①强调平台基础设施和平台治理的应用策略，即 Ha 构型；②强调高平台应用能力的应用策略，即 Hb 构型。在这两种构型中，Ha 构型以环境动荡性为核心因果性条件缺失，而在平台治理和平台基础设施为辅助因果性条件的共同作用下取得高平台双元性;而 Hb 构型强调平台应用能力作为核心因果条件存在而实现高平台双元性。

进一步,在高环境动荡性作为核心因果性条件缺失的 Ha 和高平台应用能力作为核心因素存在的 Hb 的两种主要构型中,高平台双元性企业又出现辅助因果性条件缺失或存在的复杂情况。在高环境动荡性作为核心因果性条件缺失的构型中(Ha),Ha1 的平台应用能力作为辅助因果性条件缺失,此时企业主要依靠平台基础设施,以及平台治理实现高平台双元性。具体来说,在较稳定的环境中,平台双元性的获取需要软硬件平台技术(即平台基础设施)的支持,并通过正式治理和关系治理保障平台双方的商务活动。Ha2 构型表现为大型企业主要依靠平台技术(包括平台基础设施和平台应用能力)和平台治理在稳定环境中实现高平台双元性。因此,第一种实现高平台双元性的构型如下所示。

类型 1:外部环境相对稳定,可以通过平台基础设施建设和平台治理实现平台双元性(Ha1,Ha2);对于大型企业还应重视平台应用能力的培养和建设(Ha2)。

在高平台应用能力作为核心因素存在的构型中(Hb),Hb1 构型表现为大型企业不出现,而平台治理和平台技术同时出现以获取高平台双元性;Hb2 构型则表明在环境动荡性不出现的情况下,大型企业在获取平台双元性的过程中,除应拥有平台基础设施,建立平台治理机制外,还应具备较高的平台应用能力。因此,第二种实现高平台双元性的构型如下所示。

类型 2:在高动荡环境的情景下,平台应用能力成为平台双元性的关键原因条件(Hb1 和 Hb2)。

2)低平台双元企业构型

通过 fsQCA2.5 对 160 家企业的数据进行分析,计算得到的低平台双元性的结果显示(表 4.7),总体一致性为 0.882823,大于 0.8 的阈值,覆盖率也达到了 0.72。研究发现了 3 条导致低平台双元性的不同路径,即 La1、La2 和 Lb。同样也证明了构型视角的"殊途同归"的重要特性。

低平台双元性企业表现出两种基本构型:①在缺乏平台应用能力的情况下,进行平台治理,包括 La1 和 La2;②在环境动荡性缺乏的情况下,大型企业仅在拥有平台基础设施时采用平台治理,即 Lb。具体构型见表 4.7。因此,导致低平台双元性的两种构型分别为类型 3 和类型 4。

类型 3:在平台应用能力核心原因缺失的情况下,高平台双元性很难实现(La1 和 La2)。

表 4.7　低平台双元性构型

构型结果		低平台双元性		
		La		Lb
		La1	La2	
平台技术（PT）	平台基础设施（PI）	●		●
	平台应用能力（PU）	⊙	⊙	
平台治理（PG）	正式治理（FG）	●	●	●
	关系治理（RG）	●	●	●
环境动荡性（ET）			●	⊙
企业规模（FS）			⊗	●
原始覆盖率		0.628225	0.510500	0.403456
唯一覆盖率		0.092044	0.033121	0.059882
一致性		0.828716	0.888286	0.911605
总体覆盖率		0.721229		
总体一致性		0.828280		
频率阈值		3		
一致性阈值		0.882823		

注：⊙代表核心因果性条件缺席；●代表辅助因果性条件存在；⊗代表辅助因果性条件缺席；"空白"表示构型中该条件可存在，也可不存在。

类型 4：大企业仅拥有平台治理和平台基础设施也会导致低平台双元性（Lb）。进一步对比高低平台双元性的构型，有以下发现。

（1）平台应用能力在实现高平台双元性的过程中起到了至关重要的作用。例如，在 Hb 型的高平台双元性中平台应用能力作为核心因果条件存在，而在 La 型的低平台双元性中平台应用能力作为核心因果条件缺失。因此，平台应用能力对平台双元性具有积极的正向影响作用。这也进一步证实了 Lee 等[9]的发现，即信息技术双元性将会促进组织运作双元的实现。

（2）平台治理（包括正式治理和关系治理）是实现高平台双元性的必要条件。例如，正式治理和关系治理在高平台双元性构型中（包括 Ha 型和 Hb 型）均作为高平台双元性的辅助因果性条件存在。这也符合关系观所提出的有效治理（包括正式治理和关系治理）通过降低双方的机会主义行为保障组织间竞争优势或合作电子商务价值的获取[48,49]。

（3）大型企业在实现高平台双元性时更加强调平台应用能力。例如，高平台双元性的 Hb2 和 Ha2 型企业分别以平台应用能力为核心因果性条件和辅助因果性条件存在。大企业相对小企业具备更多的组织资源，更具备建立平台应用能力从而产生较高的企业绩效的能力和需求[50]。

（4）在高环境动荡性的情景下，实现高平台双元性需要具备高平台应用能力，即 Hb1 型。而在环境动荡性缺乏的情况下，大型企业仅在拥有平台基础设施时采用平台治理并不会带来高平台双元性，即 Lb 型。该结论说明了在动荡环境下，平台应用能力能够通过帮助企业进行运作创新对快速变化的商务需求进行反应[51]。随着环境动荡性的提高，企业更需要平台应用能力来实现平台双元性，因为平台应用能力能够帮助企业部署和利用数字化资源，从而拥有更大的自由来追求组织运作双元性[9]。

为进一步验证研究结果的稳健性，本章继续调整编码准则。例如，我们通过在−25%～+25%改变研究构念的交叉临界值（crossover point），发现除了解的数量发生了微小改变，结果的解释上并没有发生本质变化。因此，通过 fsQCA2.5 获得的主要构型是可信的。

4.6　研究结论与讨论

4.6.1　主要发现

本章采用一个系统的和全面的视角分析平台技术（平台基础设施和平台应用能力）、平台治理（正式治理和关系治理）、企业规模和环境动荡性等对平台双元性的复杂动态作用过程。研究较早在国内信息系统领域采用 fsQCA 来解释多个因素如何同时影响构型的形成。研究结合 160 家企业的问卷和二手数据，采用fsQCA2.5 分析了影响平台双元性的多个等效构型。研究发现，高平台双元性主要表现为以下两种类型：

（1）外部环境相对稳定，可以通过平台基础设施建设和平台治理实现平台双元性（Ha1），对于大型企业则还应重视平台应用能力的培养和建设（Ha2）；

（2）在高动荡环境的情景下，平台应用能力成为平台双元性的关键原因条件（Hb1 和 Hb2）。

另外，低平台双元性也存在以下两种主要类型：

（1）在平台应用能力核心原因缺失的情况下，高平台双元性很难实现（La1 和 La2）；

（2）大企业仅拥有平台治理和平台基础设施也会导致低平台双元性（Lb）。

4.6.2　理论和管理启示

1）理论启示

（1）本章引入 fsQCA 构建平台双元性，表明实现平台双元性路径的复杂性和多样性。前人研究发现信息技术能够促进组织双元性，但对于平台企业如何利用信息技术实现平台双元性的机制尚不清晰[9,52,53]。本章通过 fsQCA2.5 的实证研究解释了平台双元性的主要构型，并以全面的系统角度分析了平台技术、平台治理、企业规模和外部环境等对平台双元性的共同作用与相互作用机理。

（2）在平台基础设施和平台应用能力对平台双元性影响过程的分析中，发现了平台技术在实现平台双元性的重要角色，包括：①通过平台基础设施建设，并结合平台治理、稳定外部环境、平台应用能力、大型企业等实现平台双元性。②通过高平台应用能力，并结合平台治理、平台基础设施、环境动荡性、大型企业等实现平台双元性。③低平台双元性企业均有平台治理（包括正式治理和关系治理），但缺乏平台应用能力或平台基础设施。因此，平台技术（尤其是平台应用能力）是实现平台双元性的关键原因条件。相比前人发现信息技术双元性和组织运作双元性的二元线性关系[9]，本章突出了平台技术与其他内外部要素同时作用对平台双元的影响，并且发现了高平台双元性的四种典型构型。最后，关系观理论认为有效治理通过降低双方的机会主义行为保障组织间竞争优势或合作电子商务价值的获取[48,49]。我们通过平台治理与其他关键要素的复杂作用分析，也发现平台治理（正式治理和关系治理）和平台基础设施均为实现高平台双元性的支持性要素。

2）管理启示

本章通过 fsQCA 提供了一系列因果"秘方"，企业管理者基于这些"秘方"选择行动方案，进而能够实现高平台双元性构型。根据高平台双元性的主要构型，管理者可以据此因果"秘方"为构建高平台双元性进行适当部署。

（1）在环境稳定的情况下，为获取高平台双元性，管理者应重视平台基础设施建设，并结合正式治理和关系治理措施保障平台交易活动；而大型企业的管理者还应重视平台应用能力的建设。

（2）在环境动荡性的情景下，为获取高平台双元性，在保证平台治理和平台基础设施的前提下，管理者需要重点提升企业的平台应用能力。

总之，为了实现高平台双元性，企业管理者应该遵循如下原则实现平台双元性。

（1）平台应用能力应成为管理者重点关注和建设的议题。

（2）管理者应通过构建正式治理和关系治理的体系来保障平台双元性。

（3）管理者在制定平台双元性的相关决策时，应结合企业的规模大小、客观识别和分析企业外部市场环境。

4.7　本　章　小　结

结合 160 家企业的相关调研数据并应用 fsQCA，本章发现了两类形成高平台双元性的主要构型（Ha 和 Hb），以及两种导致低平台双元性的构型（La 和 Lb）。结果发现：首先，平台技术（尤其是平台应用能力）是实现平台双元性的关键原因条件；其次，平台治理（正式治理和关系治理）和平台基础设施均为实现高平台双元性的支持性要素；最后，在实现平台双元性的过程中还应结合企业规模和环境动荡性的特点。

本章的研究贡献体现在如下三个方面。

（1）目前文献对平台企业的实证研究还比较缺乏，本章选择平台企业研究其在互联网+背景下如何获取组织双元性。对于平台经济盛行的当下，通过实证研究为我国企业开展平台战略总结出主要的成功模式和实现路径。

（2）摒弃了传统的统计回归方法，在中文信息系统领域较早采用定性比较分析方法研究平台双元性的形成问题，并通过 fsQCA2.5 软件分析单个前因条件和前因条件组合的充要性。借助该方法找出了多个变量（平台技术、平台治理、企业规模和环境动荡性等）同时影响平台双元性的等效构型，而该结果使用传统回归统计分析方法是无法实现的。

（3）为管理者开出实现平台双元性的"秘方"，即 4 种实现高平台双元性构型。研究结果便于指导企业管理者如何有效地部署企业的相关资源和能力以实现平台双元性。

本章也有一定的研究局限性。首先，本章主要采用探索性的方式研究平台双元性，这种方法经常被一些缺乏较强理论基础的战略类型研究广泛采用[54]。将来可以考虑通过严格的实证研究在其他情景中进一步证实本章发现的主要构型的稳健性和可靠性。其次，fsQCA 已逐渐成为管理学领域认可的研究方法[47]，而在信息系统领域的应用还比较有限，主要还是采用回归或结构方程模型（structural equation modeling，SEM）等定量方法。虽然本章采用规范的 fsQCA 对研究模型进行了计算，但缺少 fsQCA 计算结果和传统定量研究方法的比较，还需要将来进一步讨论。最后，由于部分数据还属于商业机密，我们并没有收集到充分的企业情境信息，将来可以通过深度访谈等方式对此类信息进一步确认并编码。

参 考 文 献

[1] 汪旭晖, 张其林. 平台型网络市场"平台—政府"双元管理范式研究——基于阿里巴巴集团的案例分析[J]. 中国工业经济, 2015, (3): 135-147.

[2] 徐晋, 张祥建. 平台经济学初探[J]. 中国工业经济, 2006, (5): 40-47.

[3] 李小玲, 任星耀, 郑煦. 电子商务平台企业的卖家竞争管理与平台绩效——基于 VAR 模型的动态分析[J]. 南开管理评论, 2014, 17(5): 73-82.

[4] Raisch S, Birkinshaw J. Organizational ambidexterity: Antecedents, outcomes, and moderators[J]. Journal of Management, 2008, 34(3): 375-409.

[5] Gibson C B, Birkinshaw J. The antecedents, consequences, and mediating role of organizational ambidexterity[J]. Academy of Management Journal, 2004, 47(2): 209-226.

[6] O'Reilly C A, Tushman M L. Organizational ambidexterity: Past, present, and future[J]. Academy of Management Perspectives, 2013, 27(4): 324-338.

[7] 陈威如, 余卓轩. 平台战略[M]. 北京: 中信出版社, 2013.

[8] 陈威如, 王诗一. 平台转型[M]. 北京: 中信出版社, 2016.

[9] Lee O K, Sambamurthy V, Lim K H, et al. How does IT ambidexterity impact organizational agility?[J]. Information Systems Research, 2015, 26(2): 398-417.

[10] El Sawy O A, Malhotra A, Park Y, et al. Seeking the configurations of digital ecodynamics: It takes three to tango [J]. Information Systems Research, 2010, 21(4): 835-848.

[11] Fiss P C. A set-theoretic approach to organizational configurations[J]. Academy of Management Review, 2007, 32(4):1180-1198.

[12] Ragin C C. Redesigning Social Inquiry: Fuzzy Set and Beyond[M]. Chicago: University of Chicago Press, 2008.

[13] Wang E T G, Wei H L. Interorganizational governance value creation: Coordinating for information visibility and flexibility in supply chains[J]. Decision Sciences, 2007, 38(4): 647-674.

[14] Hoetker G, Mellewigt T. Choice and performance of governance mechanisms: Matching alliance governance to asset type[J]. Strategic Management Journal, 2009, 30(10): 1025-1044.

[15] Lioliou E, Zimmermann A, Willcocks L, et al. Formal and relational governance in IT outsourcing: Substitution, complementarity and the role of the psychological contract[J]. Information Systems Journal, 2014, 24(6): 503-535.

[16] Wu S P J, Straub D W, Liang T P. How information technology governance mechanisms and strategic alignment influence organizational performance: Insights from a matched survey of business and IT managers[J]. MIS Quarterly, 2015, 39(2): 497-518.

[17] Bai X, Sheng S, Li J J. Contract governance and buyer-supplier conflict: The moderating role of institutions[J]. Journal of Operations Management, 2016, 41(1): 12-24.

[18] Simsek Z. Organizational ambidexterity: Towards a multilevel understanding[J]. Journal of Management Studies, 2009, 46(4): 597-624.

[19] Voss G B, Voss Z G. Strategic ambidexterity in small and medium-sized enterprises: Implementing exploration and exploitation in product and market domains[J]. Organization Science, 2013, 24(5): 1459-1477.

[20] Mithas S, Rust R T. How information technology strategy and investments influence firm performance: Conjecture and empirical evidence[J]. MIS Quarterly, 2016, 40(1): 223-245.

[21] Im G, Rai A. Knowledge sharing ambidexterity in long-term interorganizational relationships[J]. Management Science, 2008, 4(7): 1281-1296.

[22] Im G, Rai A. IT-enabled coordination for ambidextrous interorganizational relationships[J]. Information Systems Research, 2014, 25(1): 72-92.

[23] Cao Z, Lumineau F. Revisiting the interplay between contractual and relational governance: A qualitative and meta-analytic investigation[J]. Journal of Operations Management, 2015, 33-34(1): 15-42.

[24] 李维安,李勇建,石丹. 供应链治理理论研究: 概念、内涵与规范性分析框架[J]. 南开管理评论, 2016,19(1):4-15.

[25] Tiwana A, Konsynski B, Bush A A. Platform evolution: Coevolution of platform architecture, governance, and environmental dynamics[J]. Information Systems Research, 2010, 21(4): 675-687.

[26] Tiwana A. Evolutionary competition in platform ecosystems[J]. Information Systems Research, 2015, 26(2) : 266-281.

[27] Tiwana A, Kim S K. Discriminating IT governance[J]. Information Systems Research, 2015,26(4):656-674.

[28] Tiwana A. Systems development ambidexterity: Explaining the complementary and substitutive roles of formal and informal controls[J]. Journal of Management Information Systems, 2010,27(2):87-126.

[29] Park Y, El Sawy O A. Discovering the multifaceted roles of information technologies with a holistic configurational theory approach[C]. Proceedings of the 45th International Conference on System Sciences, Hawaii, 2012.

[30] Weill P, Ross J W. IT Governance[M]. New York:McGraw-Hill Professional, 2004.

[31] Cao L, Mohan K, Ramesh B, et al. Evolution of governance: Achieving ambidexterity in IT outsourcing[J]. Journal of Management Information Systems, 2013,30(3):115-140.

[32] 克莱顿·克里斯坦森. 创新者的窘境[M]. 胡建桥,译. 北京：中信出版社, 2010.

[33] Rai A, Tang X. Leveraging IT capabilities and competitive process capabilities for the management of interorganizational relationship portfolios[J]. Information Systems Research, 2010,21(3):516-542.

[34] Sivo S A, Saunders C, Chang Q, et al. How low should you go? Low response rates and the validity of inference in IS questionnaire research[J]. Journal of the Association for Information

Systems, 2006,7(6):351-414.

[35] Podsakoff P M, MacKenzie S B, Lee J Y, et al. Common method biases in behavioral research: A critical review of the literature and recommended remedies[J]. Journal of Applied Psychology, 2003, 88(5):879-903.

[36] Podsakoff P M, Organ D W. Self-reports in organizational research: Problems and prospects[J]. Journal of Management, 1986,12(4):531-544.

[37] Moore G C, Benbasat I. Development of an instrument to measure the perceptions of adopting an information technology innovation[J]. Information Systems Research, 1991,2(3):192-222.

[38] Rai A, Tang X. Information technology-enabled business models: A conceptual framework and a coevolution perspective for future research[J]. Information Systems Research, 2014,25(1):1-14.

[39] Tallon P P, Pinsonneault A. Competing perspectives on the link between strategic information technology alignment and organizational agility: Insights from a mediation model[J]. MIS Quarterly, 2011,35(2):463-486.

[40] Bharadwaj A S. A resource-based perspective on information technology capability and firm performance: An empirical investigation[J]. MIS Quarterly, 2000,24(1):169-196.

[41] Chae H C, Koh C E, Prybutok V R. Information technology capability and firm performance: Contradictory findings and their possible causes[J]. MIS Quarterly, 2014,38(1):305-326.

[42] Rosenzweig E D. A contingent view of E-collaboration and performance in manufacturing[J]. Journal of Operations Management, 2009,27(6):462-478.

[43] Gefen D, Straub D W, Boudreau M C. Structural equation modeling and regression: Guidelines for research practice[J]. Communications of the Association for Information Systems, 2010,4(7):1-77.

[44] Gefen D, Rigdon E E, Straub D. An update and extension to SEM guidelines for administrative and social science research[J]. MIS Quarterly, 2011,35(2):III-XII.

[45] Hu L T, Bentler P M. Cutoff criteria for fit indexes in covariance structure analysis: Conventional criteria versus new alternatives[J]. Structural Equation Modeling A Multidisciplinary Journal, 1999,6(1):1-55.

[46] Tang X, Rai A. How should process capabilities be combined to leverage supplier relationships competitively?[J]. European Journal of Operational Research, 2014,239(1):119-129.

[47] Fiss P C. Building better causal theories: A fuzzy set approach to typologies in organization research[J]. Academy of Management Journal, 2011,54(2):393-420.

[48] Dyer J H, Singh H. The relational view: Cooperative strategy and sources of interorganizational competitive advantage[J]. Academy of Management Review, 1998,23(4):660-679.

[49] Grover V, Kohli R. Cocreating IT value: New capabilities and metrics for multifirm environments[J]. MIS Quarterly, 2012,36(1):225-232.

[50] Mithas S, Tafti A, Mitchell W. How a firm's competitive environment and digital strategic posture influence digital business strategy[J]. MIS Quarterly, 2013,37(2):511-536.

[51] Chakravarty A, Grewal R, Sambamurthy V. Information technology competencies,

organizational agility, and firm performance: Enabling and facilitating roles[J]. Information Systems Research, 2013,24(4):976-997.

[52] Sanders N. Pattern of information technology use: The impact on buyer-suppler coordination and performance[J]. Journal of Operations Management, 2008, 26(3): 349-367.

[53] Subramani M. How do suppliers benefit from information technology use in supply chain relationships?[J]. MIS Quarterly, 2004,28(1):45-73.

[54] Kabanoff B, Brown S. Knowledge structures of prospectors, analyzers, and defenders: Content, structure, stability, and performance[J]. Strategic Management Journal, 2008,29(2):149-171.

第5章 电子商务平台吸附能力的影响机制研究

平台型电子商务已经成为未来经济发展的主要推动力，如何构建并应用这种平台商务模式已经成为企业管理者普遍关心的问题。然而现有文献对电子商务平台的研究还比较少，主要基于平台主体的案例研究，缺乏从平台商家角度对如何形成电子商务平台的吸附力并激发网络效应的实证检验。本章基于模块系统理论（modular systems theory）和控制机制的相关文献，提出平台柔性、平台控制以及二者交互作用对平台吸附能力的影响模型。通过对185家平台参与企业的实证研究，研究结果显示平台柔性、正式控制和关系控制均显著影响电子商务平台吸附能力。另外，平台柔性和正式控制对电子商务平台吸附能力的形成存在替代效应，平台柔性和关系控制对电子商务平台吸附能力的形成存在互补效应，正式控制和关系控制对电子商务平台吸附能力也存在互补效应。本章对于模块系统理论和控制机制的应用情景进行扩展与延伸，研究发现也为电子商务平台的管理者提供了有益的建议。

5.1 概　　述

电子商务和数字技术正在催生新的平台型互联网商务模式，并显示出赢家绝对通吃的威力和创造性的破坏力[1-4]。如何构建成功的平台商务模式已经成为当前企业家新的思考方向[5-7]。而平台吸附能力①（即电子商务平台吸引企业入驻的能力）作为成功平台商务模式的重要考量标准，备受企业管理者的重视，因为这种电子商务平台的吸引力能够迅速聚集平台参与者，从而激发网络效应，促进平台企业和参与者的共同发展[1,8]。例如，vivo公司在选择视频平台时，特别重视平台的整合能力以实现平台参与者和平台主体的协同和交互。

当前关于平台吸附能力的文献较少，主要关注软件开发平台生态系统的演化现象。Tiwana等[9]指出，这种演化是生态系统内部的平台所有者选择（如平台架

---

① 本章采用平台参与企业的角度对平台吸附能力进行主观感知判断，反映企业对参与平台商务活动获取相关商务能力（如平台整合能力、平台协调能力）的预期价值感知，只有被参与企业感知到的吸引力才能对企业的平台参与行为起到驱动作用。

构和平台治理）与生态系统外部的环境之间互动所形成的。研究还发现软件开发平台的输入控制和模块化扩展之间的互补关系将推动生态系统的扩展演化，并提高平台的市场绩效[10]。文献[11]和[12]主要基于案例研究，文献[13]探索传统电子商务企业向平台型电子商务模式转型，文献[14]介绍平台型电子商务企业（阿里巴巴）的诞生、壮大、成熟的演化规律，文献[15]提出对平台型交易平台采用"平台-政府"双元范式进行有效管理和监管。

然而关于平台吸附能力的研究，当前还存在重要的研究缺口：①目前关于平台的实证研究主要在软件开发平台的演化，研究对象为平台软件开发者（Firefox浏览器、Apple 的 iOS）[10]。而电子商务平台的企业参与者和软件开发平台的开发者对于平台的要求存在显著性差异，前者关心平台的预期商务价值（如顾客关系管理能力[16]），后者对于平台技术体验（如可扩展模块化[10]）要求比较高。当前对于电子商务平台吸附能力的实证研究尚处于空白，也未探究影响电子商务平台吸附能力形成的关键因素。②针对电子商务平台的研究主要还是以单案例研究为主，并以电子商务平台企业为研究对象[11,12]，对于电子商务平台上的参与企业的研究比较少。电子商务平台需要具备高吸附能力才能够吸引平台参与企业的入驻，从而发挥网络效应。也只有被参与企业感知到的吸引力才能对企业的平台参与行为起到驱动作用[17,18]。因此，有必要针对平台参与企业，探索提升电子商务平台吸附能力的主要因素和具体作用机制，从而确保电子商务平台能够最大限度地发挥积聚和网络效应，实现平台企业和平台参与企业的双赢。

本书将重点解决以上问题，以电子商务平台的参与企业为研究对象，基于模块系统理论和控制机制的相关文献，探索平台吸附能力的形成机制问题。首先，平台吸附能力能够促进电子商务平台上参与者的积聚。基于模块系统理论，电子商务平台也是由众多相互联系的子系统构成的一个复杂系统[19]。为了吸引企业参与者，电子商务平台需要通过平台柔性的构建实现信息共享和平台协作，并为双方带来价值。平台柔性反映平台模块化的基本特征（如松耦合性和标准化），通过平台的延伸性能够促进平台规模的无障碍扩张[10,20]。具体来说，平台柔性通过接口和数据标准化实现参与者的信息共享与平台协作。同时通过松耦合增加平台的延展性[9,10]，从而降低平台企业和参与企业的相互干扰，确保参与企业能够有效地利用平台优势实现价值，并促进平台企业利用松耦合快速复制企业参与者的价值获取模式，从而获取巨大的网络效应。例如，婚恋平台世纪佳缘通过建立中立可延展性的松耦合机制，打造伸缩自如的平台生态系统，迅速聚集并保留大量平台参与者，据此打破该行业竞争缠斗的局面（珍爱网和百合网原本是该行业的佼佼者），并从 2010 年下半年起占据行业 50%以上的市场份额[1]。因此，为了探索电子商务平台的吸附能力，本章的第一个研究问题是通过平台柔性如接口标准化和松耦合性等，是否能够增强平台吸附能力？

其次，控制机制的相关研究认为在企业间活动中需要通过有效的正式控制和关系控制来保障双方的合作活动[21-24]。其中正式控制是利用电子商务平台合作协议（合同、规章）规范或约束平台参与者在电子商务平台上的相关商务活动[21,22]；关系控制则通过社会化（道德）准则和信任机制来协调与管理平台参与者在电子商务平台上的相关商务活动[21,22]。在电子商务平台活动中，需要构建这种控制机制保障企业积极参与平台商务活动。①通过正式控制增加这些平台参与企业的转移成本，从而保证电子商务平台的吸附能力。例如，通过签订协议的方式禁止平台参与者同时参与其他竞争对手平台或者限制在一定时期内转移到其他竞争对手平台上[1]。②关系控制强调平台企业及其参与企业通过相互渗透和信任开展合作商务活动，从而增强了电子商务平台的吸附能力。因此，本章的第二个问题是正式控制和关系控制分别如何影响电子商务平台的吸附能力？

最后，基于模块系统理论，平台柔性可能会与正式控制有冲突[25]，因为平台柔性一方面可能会降低平台企业和平台参与者之间的依赖性，从而减少协调需要；另一方面，平台柔性如模块化还能够减少平台参与者的机会主义行为。因此，平台柔性与正式控制的功能发生了重叠，平台柔性的增加就不需要过高的正式控制，从而更有效地提升平台吸附能力[9]，即正式控制和平台柔性存在一种替代作用。而关系控制能够有效地实现通过模块化等平台柔性所无法达到的由信任所产生的归属感，从而提升平台吸附能力，即关系控制和平台柔性存在一种互补作用。另外，在供应链管理和 IT 外包等领域，研究发现正式控制（治理）和关系控制（治理）对供应链或联盟绩效存在一种互补作用[21,22]。这种互补作用在平台商务活动中是否存在还需要进一步探索。因此，提出本章的第三个研究问题，即平台柔性和控制机制的两两交互作用如何影响平台吸附能力？具体来说，正式控制和平台柔性对于平台吸附能力的作用是否存在替代效应？关系控制和平台柔性对于平台吸附能力的作用是否存在互补效应？正式控制和关系控制对于平台吸附能力的作用是否也存在互补效应？

为了解决以上三个研究问题，基于模块系统理论和控制机制相关研究，本章构建研究模型，并基于收集的 185 家平台参与企业的调查数据，实证研究平台柔性、正式控制和关系控制对平台吸附能力的直接作用关系，以及关系控制和平台柔性、正式控制和平台柔性、正式控制和关系控制的三个交互作用对平台吸附能力的影响机制。研究进一步扩展模块系统理论和控制机制的相关研究成果，并为电子商务平台运营企业如何提升并保持平台吸附能力提供重要建议。

5.2 理论与假设

5.2.1 模块系统理论

模块系统理论认为一个复杂系统包括了按照一定规则而相互联系的众多子系统[9,19]。电子商务平台也是一个可扩展的基础技术构架，是通过交互界面实现平台参与者聚合的复杂系统[10]。这种复杂系统的主要特征就是最小化子系统间的相互依赖性。基于模块系统理论，本章的研究模型借用其两个主要观点：①通过模块间的松耦合能够实现平台柔性，如平台的延伸性和灵活性等[10,26]，从而增强电子商务平台的吸附力；②模块化与平台控制之间存在交互作用，具体包括模块化将会替代正式过程控制的作用[25]，以及扩展模块化和输入控制之间存在互补作用机制[10]。

在本章中，电子商务平台柔性体现了模块化的基本特征，并强调通过平台的延伸性，能够促进平台规模的无障碍扩张。延伸性主要通过交互界面的标准化和子模块间的松耦合实现。其中标准化能够促进双方信息共享，而松耦合也降低客户端和平台之间的依赖性，使得平台参与者获取的价值可以直接复制。例如，新浪微博仅经过 1 年多的时间便达到 1.2 亿人的用户规模，其成功原因之一就是通过平台柔性（如延伸性）使得用户所获的价值可以直接复制[1]。

5.2.2 平台柔性和平台吸附能力

平台吸附能力是企业对参与平台商务活动获取相关商务能力（如平台整合能力、平台协调能力）的预期价值的感知，是参与企业对平台主体是否具备吸引力的一种主观判断[1,18]。电子商务平台柔性为平台吸附能力提供了技术方面的吸引力。首先，平台柔性所体现的模块间松耦合性和标准化能够激励企业入驻电子商务平台，这是因为平台参与企业都不愿意在系统结构上受限于某个具体的平台，而是希望保持自身的柔性。例如，由于平台约束等问题，优衣库在入驻京东平台3 个月后就闪退。其次，平台柔性所具备的延伸性能够促进成功模式的快速复制，促进参与者的快速集聚，从而形成网络效应。例如，世纪佳缘、新浪微博等都是借助这类平台柔性使得平台企业迅速集聚平台参与者，从而占据行业的霸主地位，实现赢者通吃的目的[1]。Tiwana 和 Konsynski[26]的研究证实松耦合与标准化能够提升企业 IT 敏捷能力。Rai 和 Tang[27]则在供应商关系管理中发现了 IT 重构（一种信息技术柔性）能够促进竞争性流程能力（包括流程整合和流程柔性）。因此，本章提出如下假设。

　　H5.1：平台柔性的程度越高，企业平台吸附能力越强。

5.2.3　平台控制

　　基于交易成本经济学和代理理论[28-30]，研究者在 IT 外包、供应链管理和企业联盟关系中提出了控制机制或治理机制来防范代理问题，并减少伙伴的机会主义行为，进而保障双方合作活动的顺利开展[21,22,31,32]。其中，治理机制是一种内在、具体的管理和控制活动，详细描述了伙伴所要求的行为是如何激励、影响和建立的，是一种希望得到结果是如何执行的方式[31]，主要侧重于联盟关系的建立和维系，包括了正式治理和关系治理，前者强调合同和制度的重要性，后者则突出信任和社会准则等对合作关系的支持；控制机制基于代理理论视角认为控制是管理代理的主要方式之一，买方（控制者）对卖方（被控制者）的控制是通过一系列共同使用的正式和非正式控制机制来完成的[21]，主要发生在双方不对等的合作关系中（如 IT 外包活动、平台主体和平台参与者等），包括了正式控制和非正式控制（有时也称为关系控制）。其中，正式控制主要依赖于明晰的合同；关系控制主要依赖于双方的信任。以往研究的主要争论为这两种控制机制和两种关系治理是存在一种替代效应，还是一种互补效应，或者是替代效应和互补效应共存[22-24,32]。例如，Huber 等[32]通过案例研究发现了在 IS 外包情景中，正式控制和关系控制的替代与互补作用将存在周期性振荡。而对于控制机制和信息技术的交互作用的研究还比较有限，代表性的有 Tiwana 的系列研究，以软件平台为研究对象，讨论了模块化和正式控制的交互机制如何影响平台演化和市场绩效。

　　由于在电子商务平台管理活动中存在平台的管理者和平台的参与者两个并不对称的主体，本章基于控制机制的概念，提出电子商务平台控制的概念，并分为正式控制和关系控制两种类型。平台控制不同于一般的控制理论，它强调平台和参与者的协调问题而不是一般意义上的代理问题，并能够通过正式和关系控制吸引平台商家入驻或鼓励平台商家积极参与平台活动[33]。

5.2.4　平台控制和平台吸附能力

　　平台控制包括正式控制和关系控制两个方面。

　　（1）正式控制将会通过平台协议的方式来促进企业参与平台活动，保障平台活动的安全和利益分配，从而保证现有平台参与企业的参与，并激励新的企业参与平台商务活动。通过正式控制（如战略合作协议）能够有效地保障价值的获取，增强平台参与者对电子平台相关商务能力的预期价值感知，也就能增加电商平台的吸引力。例如，阿里巴巴就在与品牌方签订战略合作协议或"二选一"条款后，使用"潜客计划"给入驻商家提供更多的资源,具体是通过阿里大数据智能算法模型筛选出具有该品牌购买倾向的潜在顾客,实现潜客人群的购买转化。朱树婷等[34]证实了企业间信息系统治理(如结构整合)能够促进合作绩效(如产品/服务治理、长期合作关系等)。因此,正式控制主要通过协议的方式约束平台参与者的活动,但同时又能给予平台参与者有价值的资源,这样就实现了平台参与者对电子商务平台的依赖性并增加其转移成本。本章提出如下假设。

H5.2:正式控制的程度越高,企业平台吸附能力越强。

(2)关系控制主要通过相互渗透形成平台和参与企业的共同价值信念,进而激发平台参与企业对平台的归属感,并增加平台的吸附能力。如果缺乏这种双方的信任就会导致平台合作的失败。例如,近期就有三家国际家居品牌集体退出京东平台,其原因之一就是京东平台数据的不透明增加了商家对平台的不信任感。Hoetker 和 Mellewigt[31]发现关系治理适合对企业联盟中知识类资产(如营销知识和客户策略)进行管理,从而保障联盟绩效。因此,关系控制能够促使平台商家对该电子商务平台产生信任,从而形成一种战略联盟,使得双方在平台商务活动中实现双赢,这样能够使平台长期保有参与者而不受协议期限的影响。本章提出如下假设。

H5.3:关系控制的程度越高,企业平台吸附能力越强。

5.2.5　平台柔性和平台控制的交互效应

平台柔性和控制机制的交互效应主要体现在两个方面,即平台柔性和正式控制的替代效应,以及平台柔性和关系控制的互补效应。

(1)基于模块系统理论,平台柔性和正式控制的替代效应主要体现在两者在功能与目标方面的重叠性[9,19],基于过程的正式控制试图管理平台参与者的整个商务活动过程,对于平台柔性(如松耦合的模块化)所扮演的促进平台整合的角色来说,这种正式控制的管理是多余的[9]。具体来说,平台柔性通过松耦合降低平台各子系统及平台参与者的依赖关系(如平台某个子系统的更改将不会影响平台参与者系统模块的正常使用),从而减少平台和参与者之间的协调需要,并减少双方的机会主义行为[9];而正式控制主要是为了协调平台和平台商家之间的合作关系,从而减少伙伴的投机行为。平台柔性和正式控制均是为了提升平台主体与平台商家之间的协商效率和效果,并减少机会主义行为。因此,这两者的作用存在一种替代关系,即高正式控制水平可能会抑制电子商务平台柔性对平台吸附能力的提高。提出如下假设。

H5.4:随着正式控制水平的提高,平台柔性对平台吸附能力的正向影响会减弱（替代效应）。

（2）平台柔性和关系控制的互补效应表现在两者在功能与目标上的互补性。这种互补性表明平台柔性和关系控制能够弥补彼此的不足。平台柔性强调了松耦合和标准化来吸引平台商家的入驻，然而过度的平台柔性也给予了平台商家离开电子商务平台的便利性。关系控制能够逐渐促进平台主体和平台商家的相互信任和依赖关系，进而形成一种战略联盟关系。在对武汉春秋国际旅行社总裁齐心的访谈中，发现其在最初推行旅游线路的批发平台时，多是通过之前线下信任关系鼓励旅行社门店加入批发平台，并进一步提升平台柔性来吸引门店商家的入驻。这种平台柔性和关系控制的综合应用能够有效地提升平台吸附能力。Tiwana 和 Konsynski[26]也发现了 IT 基础设施模块化与 IT 治理构建能够产生一种互补效应，从而促进企业产生信息技术敏捷能力。因此，关系控制和平台柔性结合一起可以扬长避短，进而增加电子商务平台对于参与企业的吸引力。提出如下假设。

H5.5：随着关系控制水平的提高，平台柔性对平台吸附能力的正向影响会加强（互补效应）。

5.2.6　正式控制和关系控制的交互效应

在供应链管理和 IT 外包领域，研究者普遍关注正式治理和关系治理、正式控制和关系控制的互补作用所带来企业商务能力或企业绩效的提升[21,22]。这种互补作用体现在正式控制和关系控制能够彼此补充并相互强化，进而产生整合效应[22]。例如，正式控制能够通过清晰和正式的合同保障关系控制；同时企业合同（正式控制的形式之一）也可以通过关系控制进一步明确和细化[35]。因此，综合正式控制和关系控制可以相互弥补彼此的不足并强化优势，进而促进相关企业积极参与电子商务平台的商务活动。得到如下假设。

H5.6：随着关系控制水平的提高，正式控制对平台吸附能力的正向影响会加强（互补效应）。

本章的研究假设模型和主要构念定义与理论来源分别见图 5.1 和表 5.1。

表 5.1　主要构念定义与理论来源

主要构念	定义	理论来源
平台吸附能力	企业对参与平台商务活动获取相关商务能力（如平台整合能力、平台协调能力）的预期价值感知，是参与企业对平台主体是否具备吸引力的一种主观判断	文献[1]和[18]
平台柔性	反映平台模块化的基本特征（如松耦合性和标准化），并通过平台的延伸性，促进平台规模的无障碍扩张	文献[10]和[20]

续表

主要概念	定义	理论来源
正式控制	利用电子商务平台合作协议（合同、规章）规范或约束平台参与者在电子商务平台上的相关商务活动	文献[10]和[22]
关系控制	通过社会化（道德）准则和信任机制协调与管理平台参与者在电子商务平台上的相关商务活动	文献[10]和[22]

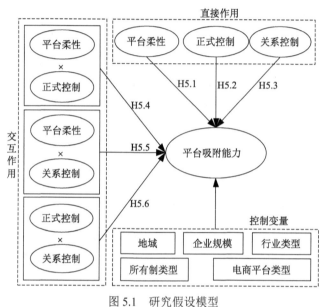

图 5.1　研究假设模型

5.3　研　究　设　计

5.3.1　样本和数据收集

在全面调查之前，研究对武汉市的元田制衣有限公司等 10 余家企业的 IT / 商务主管和高层经理进行了预调研。根据预调研的反馈，对问卷进行了修正和完善，最终得到了用于大规模调查的量表。

在相关行业机构（电子商务协会）和政府部门（市经济和信息化委员会）的支持与配合下，使用网络和面谈的方式，向全国信息化程度较高的企业发放问卷700 份。我们采用配额抽样的方法确定被调查企业名单：基于行业机构和政府部门获取的已参与平台活动（如天猫、阿里巴巴和京东等）的企业名单，并根据不同城市的企业数，按照比例配额确定最终的调查企业名单，每家公司我们发放一份问卷。问卷均要求企业信息化部门或商务部门负责人等中高层管理者填写。在经过电话和邮件等方式督促的情况下,我们在一个多月内共回收问卷 213 份,回收率为 30.43%,同国际主流 IS 期刊论文报告的水平基本一致。由于问卷填写缺失、较多相同回答以及非平台参与企业填写等问题,共删除 28 份问卷。共得到有效问卷 185 份,有效率为 86.85%。样本特征见表 5.2。本章采用比较早期和后期被试问卷的方法来检验是否存在无响应偏差。结果表明两组样本在企业规模、所有制类型等方面上不存在显著差异($p > 0.1$)。另外,由于问卷采用网络和面谈两种方式获取,研究还对两种方式收集的问卷进行差异性检验,关键变量的组间均值比较在 $p = 0.05$ 水平上不存在显著差异。综上,本章调查样本不存在响应偏差[36]。

表 5.2　样本特征($N = 185$)

特征		样本	百分比/%
区域	华北地区	24	12.97
	华东地区	40	21.62
	华南地区	34	18.38
	华中地区	80	43.24
	其他地区	7	3.79
所有制类型	国有企业	50	27.03
	合资企业	28	15.14
	民营企业	82	44.32
	外商独资	23	12.43
	其他	2	1.08
被试者职位	公司高层/CEO	22	11.89
	业务部门经理	81	43.78
	IT 部门负责人	34	18.38
	其他管理者	48	25.95
企业规模	200 人及以下	46	24.87
	201~500 人	30	16.22
	501~1000 人	38	20.54
	1001~5000 人	44	23.78
	5000 人以上	27	14.59
行业类型	信息服务/软件	25	13.51
	批发零售	18	9.72
	咨询/物流	18	9.72
	金融/旅游	10	5.41
	机械制造	35	18.92

续表

特征		样本	百分比/%
	电子设备制造	34	18.38
	医药/化工	13	7.03
行业类型	纺织/木材	10	5.41
	农副食品/烟草	9	4.86
	文教/金属制造	10	5.41
	其他	3	1.63

5.3.2 变量测量

研究模型中共包含 4 个主要变量，研究中的核心构念采用利克特七点量表，让平台参与者对题目描述的同意程度从 1～7 进行评价（1 表示"非常不同意"，7 表示"非常同意"）。为了确保量表的效度和信度，主要变量的测量尽可能参考已有的成熟量表，同时考虑我国企业电子商务管理的实践。由于问卷最初是英文的，按照翻译和回译的程序，由本专业的 2 名博士研究生将英文题项翻译为中文，再找 3 名硕士研究生将题项回译成英文，通过对比确保了问卷翻译的准确性。

（1）平台柔性。借鉴 Tallon 和 Pinsonneault[20]关于 IT 柔性的量表、Tiwana[10]关于平台模块化的相关量表，本章从平台松耦合、地理延伸性和数据标准化等方面设计了 3 个指标测量电子商务平台的柔性水平（表 5.3）。

（2）正式控制。参考 Hoetker 和 Mellewigt[31]关于正式治理的量表、Tiwana[21]关于正式控制的量表，并结合电子商务平台特点，本章设计了 3 个指标来评估电子商务平台的正式控制水平（表 5.3）。

（3）关系控制。参考 Goo 等[37]关于关系治理的量表，Tiwana[21]关于非正式控制的量表，结合电子商务平台特点，并从彼此承诺、决策合作和维持合作等方面设计了 3 个指标测量（表 5.3）。

（4）平台吸附能力。该构念是自主开发的。根据量表开发的基本流程[38,39]，首先，基于研究问题和文献综述确定平台吸附能力的定义与对应题项，主要参考了平台战略和组织吸引力的相关文献[1]、[18]和[40]。其次，通过针对 3 家企业中高层经理的案例访谈进一步确定相关题项。然后，对上述过程得到的题项通过 Q-sorting 等技术进行纯化，降低测量误差。最后，通过先验研究（pilot study），对 20 家企业进行小规模调查，来预检验该构念及其题项。最终得到 4 个指标来测量平台参与企业对平台吸附能力的主观判断（表 5.3），主要反映企业对参与平台商务活动获取相关商务能力（如平台整合能力、平台协调能力）的预期价值感知，是参与企业对平台主体是否具备吸引力的一种主观判断，只有被参与企业感知到的吸引力才能对企业的平台参与行为起到驱动作用[17,18]。我们采用反映型指标测量。

（5）控制变量。本章选取 6 个变量作为控制变量。区域、企业规模、企业性质类型和行业类型的测量见表 5.2，其中企业规模采用员工人数进行测量。电子商务平台则作为哑变量（dummy variable）纳入控制变量之一（下面简称电商平台类型）。具体来说，首先，将电子商务平台类型按照公认的分类方法，分成 B2B（business to business）、B2C（business to customer）和 C2C（customer to customer）3 种类别。其次，采用哑变量回归的方法，引入 $K-1$ 个哑变量，并设定 C2C 为参照系。

表 5.3　信度和效度分析

变量名称	测量题项	因子负载	组合信度	信度系数	AVE
平台柔性	电子商务平台灵活地处理业务流程的变化	0.820	0.874	0.784	0.700
	电子商务平台支持跨地理位置的商务活动	0.794			
	通过标准和模块化,促进信息在平台参与者间的共享与传递	0.696			
正式控制	双方的合作事项通过合同条款予以体现	0.815	0.892	0.819	0.734
	通过协议的形式共同应对市场竞争的不确定性	0.813			
	建立有效的协作机制，鼓励参与者加入平台	0.720			
关系控制	双方彼此相信对方的承诺	0.894	0.954	0.927	0.872
	相关决策有利于双方的长期合作关系	0.881			
	愿意维持和发展互信的合作关系	0.867			
平台吸附能力	能够有效地处理平台合作中的冲突（如利润分配等）	0.859	0.949	0.928	0.823
	能够识别并解决平台合作中的常规问题	0.856			
	能够共同改善现有平台活动，形成长期联盟	0.848			
	能够集成现有平台主体的相关资源，形成整合管理能力	0.782			

注：信度系数表示 Cranbach's α 系数。

5.4　数据分析与结果

5.4.1　信度和效度检验

采用 SPSS 22.0 和 AMOS 18.0 对量表进行信度与效度分析。

（1）使用 SPSS 22.0 进行探索性因子分析（EFA），KMO 统计量为 0.881，并在 0.001 显著水平下通过检验，最终共提取 4 个特征根大于 1 的因子，解释了 79.44% 的方差，因子负载在 0.696 以上（表 5.3），因而指标具有良好的聚合效度。另外，所有构念的 Cranbach's α 系数均在 0.784 以上（表 5.3），确保了本章量表的信度。

（2）使用 AMOS 18.0 进行验证性因子分析（CFA），结果显示模型拟合优度比较高（RMSEA=0.064，χ^2/df = 1.759，GFI=0.916，CFI=0.970，NFI=0.934），因子负载在 0.70 以上，均达到 0.001 的显著性水平，所有 AVE 均在 0.70 以上，组合信度（CR）则均大于 0.874，说明本章构念拥有良好的聚合效度。另外，如表 5.4 所示，所有变量 AVE 的平方根（对角线上加粗的数字）均大于构念与其他构念的相关系数，表明本章测量模型具有较好的区分效度。

表5.4 描述性统计、相关分析与效度检验

变量	均值	标准差	1	2	3	4	5	6	7	8
平台柔性（1）	5.031	1.058	**0.836**							
正式控制（2）	4.938	1.008	0.485**	**0.857**						
关系控制（3）	5.477	0.889	0.415**	0.466**	**0.934**					
平台吸附能力（4）	4.816	1.078	0.546**	0.545**	0.458**	**0.951**				
地域（5）	4.631	1.679	−0.244*	−0.295*	−0.202	−0.166	1			
企业规模（6）	3.713	1.641	0.041	0.090	0.061	0.032	−0.039	1		
所有制类型（7）	2.426	1.023	0.004	0.060	−0.018	0.101	−0.067	−0.177	1	
行业类型（8）	10.410	4.350	0.163**	0.153*	0.123	0.124	−0.244*	−0.111	−0.094	1

注：*表示 $p < 0.05$；**表示 $p < 0.01$；对角线上加粗的数字表示对应变量的 AVE 的平方根。

5.4.2 共同方法偏差检验

为了避免共同方法偏差，遵循如下程序设计问卷[41]：

（1）开发清晰并简明的题项；

（2）在面谈收集问卷时，对因变量和自变量在测量的空间上（如在办公室和机房分别填写问卷）、心理上（如在回答问卷时，插入一些企业案例与被试者互动）进行适当分离；

（3）采用匿名的方式收集问卷。

数据回收后，我们主要采用如下两种方法进行共同方法偏差的检验。

（1）采用标签变量的方法[42,43]，选择相关系数最低的一项（即企业规模和平台吸附能力）计算每个变量的偏相关系数。结果显示通过共同方法偏差调整后的相关系数与原先相比没有发生显著变化（$r \leqslant 0.06$，$p > 0.05$）。利用共同方法偏差调整后的相关系数计算模型回归系数的前后变化，结果同样显示平台柔性、正式控制和关系控制的回归系数前后差异为 0.01～0.03（卡方差异性检验也不显著，$p > 0.10$）。

（2）引入一个方法因子，其指标是所有构念的指标集合，比较每个指标被其相关构念和方法因子解释的方差，计算每个测量指标在其相关构念和方法因子上的负载[44]。我们发现，相关构念对测量指标的平均解释方差为 0.843，而方法因子对测量指标的平均解释方差为 0.043，并且在方法因子上的负载都不显著。

综上分析，本章不存在显著的方法偏差。

5.4.3　结果与分析

本章采用逐步层级回归对研究假设进行检验。为了避免多重共线性的问题，在做交互效应之前，中心化处理了交互项所包括的所有变量[45]。另外，如表 5.5 所示，计算所有模型的方差膨胀系数（VIF），结果显示最大 VIF 为 1.867，远小于 10。因此，研究模型不存在多重共线问题。表 5.5 给出了假设检验的结果。

表 5.5　假设检验的结果（$N = 185$）

变量		平台吸附能力					
		模型 1	模型 2	模型 3	模型 4	模型 5	模型 6
控制变量							
企业规模		0.021	−0.025	−0.034	−0.013	0.033	−0.011
地域		−0.089	0.036	0.046	0.045	−0.103	0.034
所有制类型		0.056	0.057	0.056	0.083	0.103	0.076
行业类型		0.050	0.012	0.001	−0.002	0.093	−0.013
B2C 类型（哑变量）		0.128*	0.103*	0.084+	0.034	0.034	0.020
B2B 类型（哑变量）		0.108*	0.083	0.055	0.023	0.024	0.018
直接效应							
平台柔性	H5.1		0.330***	0.322***	0.282***	0.281***	0.253***
正式控制	H5.2		0.297***	0.293***	0.313***	0.223***	0.302***
关系控制	H5.3		0.195**	0.207**	0.222**	0.232***	0.263***

续表

变量		平台吸附能力					
		模型 1	模型 2	模型 3	模型 4	模型 5	模型 6
		交互效应					
平台柔性×正式控制	H5.4			-0.142^{*}			-0.123^{+}
平台柔性×关系控制	H5.5				0.190^{**}		0.231^{**}
正式控制×关系控制	H5.6					0.114^{*}	0.085
调整后 R^2		0.082	0.408	0.428	0.427	0.420	0.434
ΔR^2			0.326	0.346	0.345	0.338	0.352
$F(\Delta R^2)$			6.864^{**}	6.730^{**}	6.097^{*}	6.347^{**}	7.565^{**}
最大 VIF		1.120	1.652	1.666	1.645	1.667	1.867

注:+表示 $p < 0.1$,*表示 $p < 0.05$,**表示 $p < 0.01$,***表示 $p < 0.001$。

模型 1 仅纳入控制变量。结果显示除了电商平台类型的哑变量,控制变量对平台吸附能力的影响作用不显著。通过对哑变量回归的进一步分析,发现 B2B 和 B2C 两种平台类型对于平台吸附能力的影响略高于 C2C 型电子商务平台。模型 2 在模型 1 的基础上纳入所有直接效应的变量,发现平台柔性($\beta = 0.330, p < 0.001$)、正式控制($\beta = 0.297, p < 0.001$)和关系控制($\beta = 0.195, p < 0.01$)对平台吸附能力具有显著的正向影响,H5.1、H5.2 和 H5.3 均得到了验证。模型 3 在模型 2 的基础上进一步加入交互项:平台柔性×正式控制,结果显示平台柔性和正式控制的交互作用对平台吸附能力具有负向显著影响作用($\beta = -0.142, p < 0.05$),H5.4 得到了验证。模型 4 则在模型 2 基础上进一步加入交互项:平台柔性×关系控制,研究发现平台柔性和关系控制的交互作用对平台吸附能力具有显著的正向影响($\beta = 0.190, p < 0.01$),H5.5 得到了验证。模型 5 则在模型 2 的基础上进一步加入交互项:正式控制×关系控制,研究发现正式控制和关系控制的交互作用对平台吸附能力具有显著的正向影响($\beta = 0.114, p < 0.05$),H5.6 得到了验证。最后,在模型 6 中,同时考虑三个交互项,模型 3 交互项的水平下降但仍是显著的($p < 0.1$),而模型 5 交互项的系数不显著,这可能是受到平台柔性和平台控制交互项的干扰。基于该保守模型,假设 H5.4 和 H5.5 均得到了进一步验证。

本章将采用 f^2 及其 F 统计检验来检验交互效应的存在,结果见表 5.5。研究发现,交互作用对平台吸附能力确实存在显著影响。具体来说,当正式控制程度高时(+2SD,SD 为标准差),平台柔性对平台吸附能力呈现负向作用;当正式控制程度低时(−2SD),平台柔性对平台吸附能力呈现正向作用。即正式控制会减弱平台柔性对平台吸附能力的正向作用(替代效应),因此 H5.4 得到了支持。当关系控制程度高时（+2SD），平台柔性对平台吸附能力呈现正向作用；当关系控制程度低时（−2SD），平台柔性对平台吸附能力呈现出负向作用。即关系控制会增强平台柔性对平台吸附能力的正向作用（互补效应），因此 H5.5 得到了支持。当正式控制程度高时（+2SD），关系控制对平台吸附能力呈现正向作用；当正式控制程度低时（−2SD），关系控制对平台吸附能力呈现微弱的负向作用。因此，关系控制会增强平台柔性对平台吸附能力的正向作用（互补效应），因此 H5.6 得到了支持。三个交互效应的交互效果分别如图 5.2～图 5.4 所示。

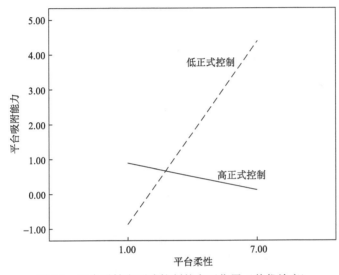

图 5.2　平台柔性和正式控制的交互作用（替代效应）

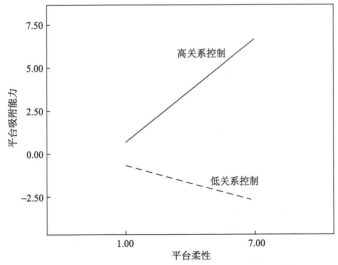

图 5.3　平台柔性和关系控制的交互作用（互补效应）

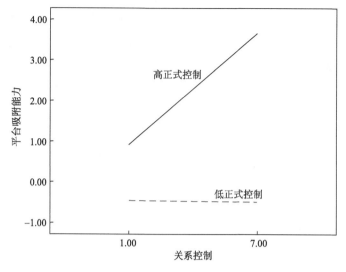

图 5.4 正式控制和关系控制的交互作用（互补效应）

5.4.4 稳健性检验

本节主要从以下三个方面进行稳健性检验。

（1）为了进一步考察电子商务吸附能力是否能够为平台参与企业真正带来财务绩效，本章采用相关系数检验电子商务吸附能力和客观财务绩效的相关关系[46]，具体操作如下：①从 Oriana 亚太公司财务数据库和我国上市公司财务数据库中识别出与本章被试企业匹配的名单，一共有 46 家企业；②收集了这 46 家企业在问卷收集年份（t 年）及下一年份（$t+1$ 年）有关净资产收益率（return on equity，ROE）与销售净利润（net profit margin，NPM）的数据；③将电子商务吸附能力与客观财务数据（ROE 和 NPM）进行皮尔逊（Pearson）相关分析，平均相关系数达到 0.32（$p < 0.05$），表明电子商务吸附能力确实能够带来企业绩效的提升。

（2）针对本模型可能存在的因果互逆性风险，即电子商务吸附能力的提升会同时增强平台柔性、正式控制和关系控制，本章采用两阶段 Heckman 检验对本章模型的因果互逆性进行分析[47,48]。具体过程如下：①分析平台柔性、正式控制、关系控制和电子商务吸附能力的回归系数和 R^2（模型 1）。②进行两阶段 Heckman 检验。将平台柔性、正式控制和关系控制按照中位数进行分组，大于中位数设为 1，小于中位数设为 0，并使用 Probit 模型计算电子商务吸附能力对平台柔性、正式控制和关系控制的回归系数（模型 2）。数据结果表明，电子商务吸附能力对平台柔性、正式控制和关系控制均有显著性正向影响（$p < 0.05$），因此存在因果互逆

的风险。③使用 STATA 13.0 计算逆米尔斯比率，将该比率与平台柔性、正式控制、关系控制和交互项一同纳入回归模型（模型 3）。我们发现与模型 1 相比，模型 3 的平台柔性、正式控制和关系控制的回归系数未发生显著改变（表 5.6）。因此，虽然研究模型存在互逆性风险，但是表 5.5 的回归结果依旧是稳健的[47,48]。

表 5.6　Heckman 分析结果

	（1）OLS（模型 1）	（2）Heckman 分析	
		阶段 1：Probit（模型 2）	阶段 2：OLS（模型 3）
因变量	电子商务吸附能力	平台柔性/正式控制/关系控制	电子商务吸附能力
调整后 R^2	0.420	0.224/0.243/0.131	0.433/0.441/0.463
内生因素			
电商平台吸附能力		0.215***/0.295***/0.186**	
逆米尔斯比率			0.131**/0.135**/0.125**
前因要素			
平台柔性	0.232***		0.233***/0.230***/0.233**
正式控制	0.311***		0.310***/0.333***/0.311**
关系控制	0.266***		0.268***/0.264***/0.267**
交互项			
平台柔性×正式控制	−0.113*		−0.110*/−0.114*/−0.112**
平台柔性×关系控制	0.244**		0.243**/0.254***/0.246**
正式控制×关系控制	−0.042		−0.031/−0.044/−0.040
控制变量			
企业规模		0.022/−0.082/0.112	
地域		0.168*/0.123/0.060	
所有制类型		0.156*/0.160*/0.152*	
行业类型		0.122*/0.045/0.089	
B2C 类型（哑变量）		0.112*/0.129*/0.111*	
B2B 类型（哑变量）		0.126*/0.122*/0.108*	

注：*表示 $p < 0.05$，**表示 $p < 0.01$，***表示 $p < 0.001$。

（3）由于平台柔性和正式控制的交互作用在保守模型（表 5.5 中模型 5）中的显著性水平较弱，研究进一步使用分组比较回归系数的方法对平台柔性和正式控制的交互效应进行分析[20]。具体来说，将正式控制水平处于下四分位数（Q1）的样本定为低正式控制企业，另将正式控制水平处于上四分位数（Q3）的样本定为高正式控制企业。对低正式控制企业和高正式控制企业两组样本分别进行回归分析（表 5.7），通过路径系数的比较发现平台柔性存在显著性差异（$p < 0.05$），该结果和表 5.5 的交互效应系数一致。因此，在本章中平台柔性和正式控制的交互效应分析结果是稳健的。

表 5.7　正式控制水平的分组比较（标准化路径系数）

	低正式控制企业（$N=41$）	高正式控制企业（$N=53$）	两组系数差异（t 值）
因变量	电子商务平台吸附能力	电子商务平台吸附能力	
	控制变量		
企业规模	0.081	0.062	
地域	−0.122	0.114	
所有制类型	0.112*	0.090	
行业类型	0.094	0.144*	
B2C 类型（哑变量）	0.090	0.101*	
B2B 类型（哑变量）	0.104	0.121*	
	主效应		
平台柔性	0.345**	0.112**	0.233*
调整后 R^2	0.122	0.106	
最大 VIF	1.523	1.750	

注：*表示 $p<0.05$，**表示 $p<0.01$。

5.5　本　章　小　结

本章基于模块系统理论和控制机制的相关文献，提出了电子商务平台吸附能力的形成要素和机制，具体包括了平台柔性、正式控制和关系控制的直接作用，以及平台柔性和平台控制如何通过替代效应和互补效应影响平台吸附能力的形成。同时发现了平台柔性和平台控制对平台依附能力的直接使能作用与三种交互效应，研究结论扩展并丰富了模块系统理论和控制机制在电子商务平台情境中的应用。

5.5.1　理论意义

首先，基于模块系统理论，本章从平台参与企业的角度探索了电子商务平台吸附能力的形成过程，发现了平台柔性对平台吸附能力的使能作用。这种平台柔性具体通过平台的模块化和标准化鼓励平台商家的入驻。虽然有文献研究了扩展模块化对平台演化的影响机制，但是其主要针对的是软件开发平台上的软件开发人员，对电子商务平台以平台参与企业为对象的研究还比较缺乏[10, 49]。例如，Kim 等[50]研究了第三方开发人员参与软件平台的两种主要机制，即限制离开和增加黏性。相比软件开发人员而言，平台商家更看重平台预期商务价值。本章提出平台吸附能力的概念，体现出平台商家对参与平台商务活动获取相关商务能力（如平台整合能力、平台协调能力）的预期价值感知，并以平台商家的视角验证了平台柔性对平台吸附能力的影响机制。因此，本章通过对电子商务平台吸附能力的研究扩展了平台的相关研究，从平台商家的视角进一步验证了模块系统理论的相关观点。

其次，基于控制机制的相关研究，本章提出了平台控制的概念，强调通过平台正式控制和关系控制吸引平台商家的入驻并进行相关平台商务活动。研究进一步证实了在电子商务平台活动中采用正式控制能够通过正式协议的方式增加平台参与企业的转移成本，进而增强平台的吸附能力。此外，研究还发现了平台关系控制将通过增强双方的信任度和依赖性来提升电子商务平台对于平台参与企业的黏性或吸引力，这是一种积极的平台向心力。先前研究主要基于集权和分散控制[51]、平台输入控制[10]、正式过程控制[9]以及 IT 治理[52]的角度探索其对平台演化或 IT 外包绩效的影响。与 IT 外包中控制机制侧重 IT 外包绩效和软件开发者的正式控制来研究平台演化不同，本章在电子商务平台中同时引入正式控制和关系控制，并发现两者对平台吸附能力的驱动作用，这对于未来探索电子商务平台及其商家的二元关系管理和维系具有重要的理论意义。因此，本章证实并扩展了控制机制的相关文献[22]和[53]，即将控制机制的效果从企业联盟绩效、IT 外包绩效以及平台演化等延伸到了电子商务平台的吸附能力，并发现关系控制对于提升电子商务平台吸附能力的重要性。

最后，本章发现了平台控制和平台柔性的交互效应，具体体现在替代效应和互补效应。其中替代效应反映在平台正式控制和平台柔性之间。前人发现了正式过程控制和模块化在软件外包情景中对联盟绩效存在替代效应[25]，本章进一步验证并推广了该发现，在电子商务平台的情境下，由于平台正式控制和平台柔性两者目的与功能的相似性，二者对平台吸附能力也存在替代效应。互补效应存在于平台关系控制和平台柔性之间，体现为二者同时加强将会促进平台吸附能力的提升。Tiwana[10]则发现了平台输入控制和扩展模块化的互补作用对平台演化的推动作用，然而研究对象主要为软件开发平台及其开发人员，并未考虑其对电子商务平台参与企业关系控制的重要作用。对电子商务平台商家而言，仅采用正式控制可能并不利于商家对于平台的参与和忠诚，这是由于在组织间商务活动中过度或不恰当的正式控制会引发平台商家的猜忌和不信任感[22]。这种平台控制和平台柔性存在替代效应和互补效应的发现也丰富了控制机制的相关研究，前人主要探索控制机制或治理机制内部的作用机理[22]，即正式控制和关系控制的替代或互补效应，缺乏对控制机制和信息系统的交互作用的考虑。通过对 H5.6 的检验，本章还证实了正式控制和关系控制互补效应的存在，与前人在供应链和 IT 外包领域的发现基本一致[22]。然而，在考虑平台控制和平台控制的替代效应与互补效应之后，正式控制和关系控制的互补效应随之消失，这可能是平台柔性对二者互补机制产生了干扰。该发现也进一步验证并扩展了控制机制的内部作用机理。

5.5.2　管理启示

Apple、阿里巴巴、腾讯、京东等企业的成功说明平台商务模式有着旺盛的发展前景，它将成为推动未来世界经济发展的新引擎。本章的研究结论对于企业如何建设电子商务平台，并利用平台柔性和平台控制增强电子商务平台的吸附力具有重要的现实意义。

首先，平台企业在构建电子商务平台时需要注重平台的松耦合和标准化等，促进平台柔性。电子商务平台不能过于强调模块间的紧耦合，虽然它能够在系统上加强平台商家形式上的整合，但是这种整合可能破坏平台柔性，并造成对平台参与企业商务活动的过度限制，这将会影响平台商家参与平台商务活动的积极性。

其次，平台企业还可以通过平台控制加强对平台参与企业的管理。本章发现正式控制和关系控制均有利于保障双方的平台活动，并促进平台上经营的合作伙伴良性成长，从而推动平台的发展和壮大。因此，平台企业可以结合自身行业地位，平衡正式控制和关系控制，从而发挥二者对平台吸附能力的积极影响。

再次，通过平台柔性和关系控制的互补效应，电子商务平台企业可以考虑同时增强平台柔性和关系控制的力度，从而充分发挥二者的互补效应，促使平台企业快速集聚入驻商家，激发电子商务平台的网络效应。

最后，正式控制一方面对平台吸附能力具有正向作用，另一方面又不利于平台柔性对于平台吸附能力的促进作用，即平台柔性和正式控制之间存在替代效应。因此，企业管理者要特别重视正式控制在电子商务平台管理中的使用。具体来说，管理者应该要以权变的思维应用正式控制。正式控制不能过度使用，否则将会引发平台商家的猜忌和不信任。企业在选择和构建控制机制时，也需要考虑平台柔性的具体情况。例如，如果平台柔性程度较高（一般来说是电子商务平台发展较成熟的阶段），则可以适当地降低正式控制的力度。这样一方面可以提升平台商家对于电子商务平台的忠诚度和依赖性，另一方面也减少重复投资所造成的资源浪费和成本增加；相反，企业电子商务平台发展初期，在平台柔性程度相对较低的情况下，可以通过增加正式控制来保障平台商家的参与。

5.5.3 局限和未来研究方向

本章也存在一定的局限性。首先，本章的研究对象为平台参与企业，未来可以考虑使用配对样本，如对平台主体及其参与企业的配对数据进行分析，可能得到更富启发性的发现。其次，本章的数据主要来源于自报告的问卷数据，虽然通过共同方法检验，并没有发现数据的共同方法偏差问题，但今后可以通过抓取平台的实时数据，结合问卷数据进行分析，进一步增强研究结论的信度和效度。最后，基于模块系统理论和控制机制，本章主要探究控制机制和平台柔性的交互效应，以及正式控制和关系控制交互效应对电子商务吸附能力的影响，未来还可以进一步利用构型理论（configuration theory）[54]同时探索多方要素（三个以上）对平台吸附能力的复杂作用机制。

参 考 文 献

[1] 陈威如, 余卓轩. 平台战略[M]. 北京: 中信出版社, 2013.

[2] 杨善林, 周开乐, 张强, 等. 互联网的资源观[J]. 管理科学学报, 2016, (1):1-11.

[3] Yoo Y, Henfridsson O, Lyytinen K. The new organizing logic of digital innovation: An agenda for information systems research[J]. Information Systems Research, 2010, 21(4): 724-735.

[4] Yoo Y, Boland R J, Lyytinen K, et al. Organizing for innovation in the digitized world[J]. Organization Science, 2012, 23(5): 1398-1408.

[5] 骆品亮, 傅联英. 零售企业平台化转型及其双边定价策略研究[J]. 管理科学学报, 2014, (10): 1-12.

[6] van Alstyne M W, Parker G G, Choudary S P. Pipelines, platforms, and the new rules of strategy[J]. Harvard Business Review, 2016, 94(4): 54-62.

[7] Zhu F, Furr N. Products to platforms: Making the leap[J]. Harvard Business Review, 2016, 94(4): 72-78.

[8] 崔晓明, 姚凯, 胡君辰. 交易成本、网络价值与平台创新——基于 38 个平台实践案例的质性分析[J]. 研究与发展管理, 2014, 26(3): 22-31.

[9] Tiwana A, Konsynski B, Bush A A. Platform evolution: Coevolution of platform architecture, governance, and environmental dynamics[J]. Information Systems Research, 2010, 21(4): 675-687.

[10] Tiwana A. Evolutionary competition in platform ecosystems[J]. Information Systems Research, 2015, 26(2): 266-281.

[11] 张小宁, 赵剑波. 新工业革命背景下的平台战略与创新——海尔平台战略案例研究[J]. 科学学与科学技术管理, 2015, (3): 77-86.

[12] 蔡宁, 王节祥, 杨大鹏. 产业融合背景下平台包络战略选择与竞争优势构建——基于浙报传媒的案例研究[J]. 中国工业经济, 2015, (5): 96-109.

[13] 焦玥, 傅翠晓, 黄丽华. 企业向平台型 B2B 电子商务模式的转型——基于上海爱姆意公司的案例研究[J]. 科学学与科学技术管理, 2011, (9): 123-130.

[14] 胡岗岚. 平台型电子商务生态系统及其自组织机理研究[D]. 上海: 复旦大学, 2010.

[15] 汪旭晖, 张其林. 平台型网络市场 "平台—政府" 双元管理范式研究——基于阿里巴巴集团的案例分析[J]. 中国工业经济, 2015, (3): 135-147.

[16] Wang S, Cavusoglu H, Deng Z. Early mover advantage in E-commerce platforms with low entry barriers[J]. Information and Management, 2016, 53(2): 197-206.

[17] 刘善仕, 彭娟, 段丽娜. 人力资源实践、组织吸引力与工作绩效的关系研究[J]. 科学学与科学技术管理, 2012, 33(6): 172-180.

[18] Gomes D, Neves J. Organizational attractiveness and prospective applicants' intentions to apply[J]. Personnel Review, 2011, 40(6): 684-699.

[19] Schilling M A. Toward a general modular systems theory and its application to interfirm product modularity[J]. Academy of Management Review, 2000, 25(2): 312-334.

[20] Tallon P P, Pinsonneault A. Competing perspectives on the link between strategic information technology alignment and organizational agility: Insights from a mediation model[J]. MIS Quarterly, 2011, 35(2): 463-486.

[21] Tiwana A. Systems development ambidexterity: Explaining the complementary and substitutive roles of formal and informal controls[J]. Journal of Management Information Systems, 2010, 27(2): 87-126.

[22] Cao Z, Lumineau F. Revisiting the interplay between contractual and relational governance: A qualitative and meta-analytic investigation[J]. Journal of Operations Management, 2015, 33-34(1): 15-42.

[23] Li Y, Xie E, Teo H H, et al. Formal control and social control in domestic and international buyer-supplier relationships[J]. Journal of Operations Management, 2010, 28(4): 333-344.

[24] 张钰, 刘益, 李瑶. 营销渠道中控制机制的使用与机会主义行为[J]. 管理科学学报, 2015, 18(12): 79-92.

[25] Tiwana A. Does technological modularity substitute for control? A study of alliance performance in software outsourcing[J]. Strategic Management Journal, 2008, 29(7): 769-780.

[26] Tiwana A, Konsynski B. Complementarities between organizational IT architecture and governance structure[J]. Information Systems Research, 2010, 21(2): 288-304.

[27] Rai A, Tang X. Leveraging IT capabilities and competitive process capabilities for the management of interorganizational relationship portfolios[J]. Information Systems Research, 2010, 21(3): 516-542.

[28] Ouchi W. A conceptual framework for the design of organizational control mechanisms[J].

Management Science, 1979, 25(9): 833-848.

[29] Williamson O E. Transaction-cost economics: The governance of contractual relations[J]. The Journal of Law and Economics, 1979, 22(2): 233-261.

[30] Macneil I R. Contracts: Adjustment of long-term economic relations under classical, neoclassical and relational contract law[J]. Northwestern University Law Review, 1977, 72(6): 854-905.

[31] Hoetker G, Mellewigt T. Choice and performance of governance mechanisms: Matching alliance governance to asset type[J]. Strategic Management Journal, 2009, 30(10):1025-1044.

[32] Huber T L, Fischer T A, Dibbern J, et al. A process model of complementarity and substitution of contractual and relational governance in IS outsourcing[J]. Journal of Management Information Systems, 2013, 30(3): 81-114.

[33] 徐晋, 张祥建. 平台经济学初探[J]. 中国工业经济, 2006, (5): 40-47.

[34] 朱树婷, 仲伟俊, 梅姝娥. 企业间信息系统治理的价值创造研究[J]. 管理科学学报, 2016, 19(7): 60-77.

[35] Chi M, Zhao J, George J F, et al. The influence of inter-firm IT governance strategies on relational performance: The moderation effect of information technology ambidexterity[J]. International Journal of Information Management, 2017, 37(2): 43-53.

[36] Armstrong J S, Overton T S. Estimating nonresponse bias in mail surveys[J]. Journal of Marketing Research, 1977,14(3): 396-402.

[37] Goo J, Kishore R, Rao H R, et al. The role of service level agreements in relational management of information technology outsourcing: An empirical study[J]. MIS Quarterly, 2009, 33(1): 119-145.

[38] Churchill G A. A paradigm for developing better measures of marketing constructs [J]. Journal of Marketing Research, 1979, 16(1): 64-73.

[39] Netemeyer R G, Bearden W O, Sharma S. Scaling Procedures: Issues and Applications[M]. Thousand Oaks: Sage, 2003.

[40] Wu S J, Melnyk S A, Flynn B B. Operational capabilities: The secret ingredient[J]. Decision Sciences, 2010, 41(4): 721-754.

[41] Podsakoff P M, MacKenzie S B, Lee J Y, et al. Common method biases in behavioral research: A critical review of the literature and recommended remedies[J]. Journal of Applied Psychology, 2003, 88(5): 879-903.

[42] Lindell M K, Whitney D J. Accounting for common method variance in cross-sectional research designs[J]. Journal of Applied Psychology, 2001, 86(1): 114-121.

[43] Malhotra N K, Kim S S, Patil A. Common method variance in IS research: A comparison of alternative approaches and a reanalysis of past research[J]. Management Science, 2006, 52(12): 1865-1883.

[44] Liang H, Saraf N, Hu Q, et al. Assimilation of enterprise systems: The effect of institutional pressures and the mediating role of top management[J]. MIS Quarterly, 2007, 31(1): 59-87.

[45] Aiken L S, West S G. Multiple Regression: Testing and Interpreting Interaction[M]. Thousand Oaks: Sage, 1991.

[46] Zhu Z, Zhao J, Tang X, et al. Leveraging E-business process for business value: A layered structure perspective[J]. Information and Management, 2015, 52(6): 679-691.

[47] Bharadwaj S, Bharadwaj A, Bendoly E. The performance effects of complementarities between information systems, marketing, manufacturing, and supply chain processes[J]. Information Systems Research, 2007, 18(4): 437-453.

[48] Hsieh J J P A, Rai A, Xu S X. Extracting business value from IT: A sensemaking perspective of post-adoptive use[J]. Management Science, 2011, 57(11): 2018-2039.

[49] Eaton B, Elaluf-Calderwood S, Sørensen C, et al. Distributed tuning of boundary resources: The case of apple's iOS service system[J]. MIS Quarterly, 2015, 39(1): 217-244.

[50] Kim H J, Kim I, Lee H. Third-party mobile app developers' continued participation in platform-centric ecosystems: An empirical investigation of two different mechanisms[J]. International Journal of Information Management, 2016, 36(1): 44-59.

[51] den Hartigh E, Ortt J R, van de Kaa G, et al. Platform control during battles for market dominance: The case of apple versus IBM in the early personal computer industry[J]. Technovation, 2016, 48-49: 4-12.

[52] Tiwana A, Kim S K. Discriminating IT governance[J]. Information Systems Research, 2015, 26(4): 656-674.

[53] Wallenburg C M, Schäffler T. The interplay of relational governance and formal control in horizontal alliances: A social contract perspective[J]. Journal of Supply Chain Management, 2014, 50(2): 41-58.

[54] El Sawy O A, Malhotra A, Park Y, et al. Seeking the configurations of digital ecodynamics: It takes three to tango[J]. Information Systems Research, 2010, 21(4): 835-848.

第三篇　价值创造

第6章 基于 IT 双元性视角的企业电子商务价值创造研究

在以高度竞争和透明化为特征的数字化背景下，企业如何实现电子商务价值已经成为学术界面临的新课题。前人的研究虽然指出利用 IT 技术能够形成组织柔性或双元性组织，从而增加收益并创造价值，但是忽视了 IT 还能通过风险控制和成本降低实现电子商务价值。本章基于 IT 双元性，研究数字化情景下电子商务价值的创造机理，即通过电子商务双元能力实现收益增加，并利用 IT 治理降低数字化风险和成本，进而实现电子商务价值创造。通过对 204 家企业调研数据的实证研究，结果证实电子商务双元战略对电子商务双元能力的正向作用，以及电子商务双元能力在电子商务双元战略和竞争绩效（CP）之间的部分中介作用。此外，发现契约治理正向调节电子商务双元战略和电子商务双元能力之间的正向相关关系，同时也正向调节电子商务双元战略和竞争绩效之间的正向相关关系，并且这种正向作用主要通过电子商务双元能力的中介作用影响竞争绩效。最后，还发现关系治理正向调节电子商务双元战略和电子商务双元能力之间的正向相关关系，而关系治理对电子商务双元战略和竞争绩效之间的关系不存在调节作用，并且对电子商务双元战略的调节效应也不通过电子商务双元能力的中介作用影响竞争绩效。研究的理论贡献在于构建数字化情景下体现 IT 双元性的电子商务价值创造模型，实践贡献在于为传统企业在数字化情景下如何利用电子商务双元能力和 IT 治理获取价值提供现实指导。

6.1 概 述

近年来，随着大数据、智能终端和云计算等新兴信息技术的日益普及和应用，由国际信息技术巨头主导的起源于工业经济的"计算机+软件"模式向适应信息经济特点的"云计算+大数据"模式转变，人类开始从以控制为出发点的信息技术时代走向以利他和激活大众活力为目的的数字技术（data technology，DT）时代[1]。在这历史性机遇期，我国企业如何利用数字化技术实现电子商务价值成为重要的现实问题。

然而，在高度竞争和日益透明化为特征的数字化背景下[2]，企业如何实现电子商务价值变得非常复杂和不确定。一方面，随着数字化技术的普及和应用，企业在日益复杂和动荡的环境中寻求生存与发展时，常处于两难境地，即在开发利用现有能力和探索全新能力之间左右为难[3,4]。因此，在数字化所引发的超竞争环境下[5]，企业需要利用新兴数字化技术构建组织的双元能力，这种能有效平衡和融合管理中各种悖论的双元能力使企业具有高绩效并获取可持续成功[6-8]。例如，Lee 等[3]发现在高度竞争的市场环境中，企业需要利用 IT 获取企业的运作双元能力，从而对外部复杂环境进行有效的感知和反应。所以，在超竞争的数字化情景中具备这种双元能力的企业既能使产品和服务避免迅速过时，又能确保系统的效率和稳定的现金流，从而获得竞争优势。另一方面，大量传统企业通过应用软件等数字化技术（如 app）对其产品、服务和信息进行数字化，增强了企业商务战略行动的可见度（即易被外部竞争对手和顾客识别）[9]。这种数字透明性增强了顾客对企业的认知，也增加了被竞争对手模仿的风险。在透明化的数字化情景中，企业亟须通过建立有效的 IT 治理机制来管理数字技术的内外部应用，从而降低风险和成本并提升交易效率，帮助企业保持竞争优势。

因此，在数字化情景中，电子商务价值实现的关键在于能够同时利用 IT 实现收益增加和成本降低，即 IT 双元性[4]。具体来说，企业增加收益主要通过数字化技术应用，同时具备利用现有商务资源和提供新产品、新服务的能力，以应对数字化所带来的高强度市场竞争；企业降低成本则是通过有效的 IT 治理来管理数字化技术在企业内外部的应用，减少和规避数字化所带来的运营风险，提升交易效率。这种 IT 双元性企业通常有着更高的绩效表现[4]。

当前，信息系统领域对 IT 价值（包括电子商务价值）创造的研究较为丰富[10]，但是对于数字化环境中的电子商务价值如何形成还缺乏相关的理论框架和实证验证。先前研究主要基于动态能力和实物期权理论的柔性视角，探索企业如何利用 IT 保持组织柔性或敏捷性，应对外部动荡环境，从而获取 IT 价值[5,11]。近年来，IS 研究者开始关注在动荡环境中通过信息技术构建双元性组织，并获取企业的长期竞争优势[3,4,12]。虽然基于柔性视角和组织双元性的 IS 研究均指出利用 IT 技术能够通过形成的组织柔性或双元性来增加收益，从而创造价值，却忽视了在数字化情景中企业能够同时利用 IT 治理降低风险和成本，提升交易效率，进而实现电子商务价值。

鉴于以上现实和理论的需要，为完整解释数字化情景下电子商务价值的实现过程，基于 IT 双元性，本章认为数字化背景下电子商务价值形成的关键在于：企业能够构建 IT 双元性，即围绕电子商务双元能力和 IT 治理同时实现收益增加和成本降低。本章结合组织双元理论和 IT 治理理论，并以核心企业为研究对象，利用其与渠道伙伴的合作电子商务数据[①]，从 IT 双元性视角探讨企业电子商务价值创造机理。具体将围绕如下问题展开研究：①企业如何构建电子商务双元能力增加企业收益，从而实现电子商务价值？②企业如何通过 IT 治理控制数字化风险并降低成本，从而实现电子商务价值？

　　针对第一个研究问题，企业通过对数字化时代的洞察和分析，达成的共识形成电子商务战略双元，并促成电子商务双元能力的形成；在此基础上，企业可以利用电子商务双元能力有效地适应数字化竞争环境，并获取电子商务价值。以上两个阶段构成了"电子商务双元战略→电子商务双元能力→电子商务价值"的作用路径。因此，该问题主要论证电子商务双元能力的中介效应，以及组织双元性的内部作用机制，即由战略双元性引发双元能力。在本章中，电子商务双元战略和电子商务双元能力的直接作用关系主要依据组织双元理论与动态能力理论[13,14]。组织双元理论阐述了组织结构、组织情境及领导力等战略层因素作为组织双元性（能力）的前因[13]。同时，电子商务双元能力是一种根植于同时进行探索和利用活动的动态能力[15]。这种双元能力的实现需要企业能够同时具备两种时间定位（temporal orientation），即当下和将来[16]。通过整合当下和将来的定位（即电子商务双元战略），促进动态能力（电子商务双元能力）的形成，从而避免探索活动的过度（过度强调创新和将来活动导致"失败陷阱"）或利用活动的过度（过度强调利用活动导致能力刚性，即"能力陷阱"）[16]。文献[17]认为企业战略（如领导力）作为影响组织双元能力的主要因素之一，"双模式"战略将会影响组织双元能力的构建。而目前研究主要关注组织双元性和企业绩效的关系，对于双元性的内部作用机理尚未有文献进行实证研究[3,18]。

　　针对第二个研究问题，IT 治理则在双元能力的产生过程中降低数字化风险和成本，保障电子商务双元能力和企业竞争绩效的实现[19,20]。本章的 IT 治理聚焦核心企业及其合作伙伴的关系管理，主要包括契约治理和关系治理两个方面[21-23]。其中，契约治理是采用正式的组织结构和协调方式（如规章、制度）来组织企业间电子商务活动[21]；关系治理则是通过围绕一个共同目标而发展起来的企业间关系和企业间依赖性[21]。先前研究契约治理和关系治理主要关注对绩效的直接关系，以及二者互补性或替代性的角色[24,25]。本章主要探究契约治理和关系治理在

---

　　① 利他和激活大众活力为特征的数字时代为企业开展合作电子商务带来了新机遇，本章以核心企业为研究对象，收集其与渠道伙伴的合作电子商务数据，有利于进一步解释和分析数字化背景下电子商务价值的创造机理。

数字化背景下如何通过降低数字化风险与成本，促进电子商务价值的实现。根据
IT 价值共创理论，契约治理和关系治理通过在核心企业和伙伴之间的电子商务活
动中建立控制机制能够减少双方交易成本并产生新价值[26]。这两种治理机制将促
进双方原有资源和能力的整合（即增加资源禀赋），使得核心企业在企业间环境下
具备充分的资源和能力同时实现利用与探索[13]，进而提升电子商务适应性和整合
性并增加竞争绩效；如果缺少这两种治理机制，则可能使得核心企业缺乏足够的
资源和能力顺利实施这种复杂的电子商务双元战略。IT 治理在电子商务双元战
略、电子商务双元能力和竞争绩效之间复杂的调节作用体现在如下三个方面。

（1）契约治理和关系治理在电子商务双元战略与竞争绩效之间的调节作用。
这种作用体现了两种治理和电子商务双元战略的互补性，增加资源禀赋，进而促
成电子商务双元战略对竞争绩效的实现。

（2）契约治理和关系治理在电子商务双元战略与电子商务双元能力之间的调
节作用。该调节效应反映的是通过有效的治理机制，能够促进电子商务双元战略
落到具体实处，即企业电子商务运作上的双元性。

（3）契约治理和关系治理对电子商务双元战略与企业绩效之间的调节作用，
有一部分可能是契约治理和关系治理改变了电子商务双元战略与电子商务双元能
力之间的作用关系，并通过电子商务双元能力的变化影响了企业绩效。因此，契
约治理和关系治理对电子商务双元战略与企业绩效之间的调节作用，可能会受到
电子商务双元能力的中介影响。目前尚没有文献探究契约治理和关系治理在电子
商务双元能力与企业竞争绩效形成过程中的这种复杂的调节作用。

由此，得到本章的概念模型（图 6.1）。本章首先检验电子商务双元能力的中
介效应，分析电子商务双元战略对电子商务双元能力的前因效应，以及电子商务

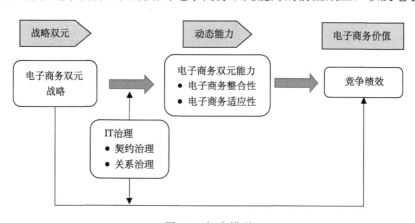

图 6.1　概念模型

双元战略通过电子商务双元能力的中介作用影响企业竞争绩效的作用机制;其次,在此基础上分别检验契约治理和关系治理对电子商务双元战略与电子商务双元能力之间的调节效应;最后,进一步分析契约治理和关系治理的调节作用是否为被电子商务双元能力中介的调节效应,并进一步比较契约治理和关系治理的两种调节效应。

本章的研究贡献如下。

(1)基于 IT 双元性,提出在数字化情景下电子商务价值的创造过程模型。这个模型比较完善地解释了电子商务价值实现的两个关键路径,即以电子商务双元能力为核心的能力构建和价值驱动过程,以及以 IT 治理为主导的风险控制和成本降低的价值实现路径。因此,本章将补充和完善目前关于数字化背景下电子商务价值创造的研究。

(2)明确提出并检验电子商务双元战略是电子商务双元能力的前因要素,以及电子商务双元战略通过电子商务双元能力的中介作用对企业竞争绩效的影响,丰富了电子商务双元战略和电子商务双元能力之间相互作用的理论知识,并为电子商务双元战略和电子商务双元能力对企业竞争绩效的作用机制贡献新知识。

(3)针对契约治理和关系治理对电子商务双元战略与企业竞争绩效之间的关系所产生的被电子商务双元能力中介的调节效应进行对比研究,发现了契约治理和关系治理在电子商务双元能力与企业竞争绩效形成过程的差异化被中介的调节作用,丰富了 IT 治理理论在数字化背景下电子商务价值创造的理论应用,对完善企业 IT 治理机制并推动我国企业从 IT 时代进入到 DT 时代的变革提供理论与实证支持。

6.2　理论发展与研究假设

6.2.1　信息技术双元性视角

近年来,组织双元性的研究开始受到学术界的关注。这种双元性视角不仅要求组织满足企业在现阶段的发展需求,还需要挖掘企业今后新的利润增长点[8]。因此,在面对高度竞争和日益透明化为特征的数字化情景下,企业除了需要在当前的市场获取利润维持企业生存外,还需要为将来的发展进行准备。本章的双元性采取了更普遍的概念,包容两种看似矛盾的目标,即两者兼顾、双手灵巧,认为信息技术具备双元特性,同时可以帮助企业增加收益并降低成本[4]。具体来说,电子商务价值创造主要通过电子商务双元能力的构建增加收益;并利用有效的 IT 治理降低数字化风险和成本,提升交易效率,从而实现电子商务价值。因此,企业利用电子商务双元能力和 IT 治理实现价值。

第一条企业电子商务价值获取路径以电子商务双元能力为核心。根据组织双元和动态能力理论[13,27]，本章提出了"电子商务双元战略→电子商务双元能力→电子商务价值"的研究框架。其中，电子商务双元战略强调同时实现短期利润获取和长期可持续增长的目标，电子商务双元能力作为运作双元是中介变量，企业竞争绩效是电子商务价值衡量标准，构建三个维度的关联关系。这个过程完整描述了双元战略如何通过构建组织双元能力为企业带来价值。具体来说，电子商务双元能力是平衡探索和利用活动的一种动态能力，这种动态能力的实现需要企业同时对现有运作管理和未来商务机遇进行洞察与把握[16]，这种平衡实施既能获得短期利润，又能获得长期可持续增长的双元战略，还能够指导企业在运作层面实现双元性的具体操作和执行。最终双元性运作活动的实施又将会促进企业竞争优势的提升。

另一条企业电子商务价值获取路径以 IT 治理为核心。基于 IT 价值共创理论的治理视角[26]，研究 IT 治理在电子商务价值创造过程中的互补作用，解释企业通过降低数字化风险和成本、提升交易效率来形成竞争优势的过程。针对核心企业和渠道伙伴的合作电子商务关系，主要采用契约治理和关系治理来降低合作中的数字化风险。这两种治理机制将促进双方原有资源和能力的整合（即增加资源禀赋），使得核心企业在企业间环境下具备充分资源和能力的同时实现利用与探索[13]，进而提升电子商务适应性和整合性，并增加竞争绩效。具体来说，基于关系观，组织内外部资源的互补性将能够帮助企业获取动态能力和竞争绩效[28]。组织双元战略和治理机制分别为核心企业的内外部资源，它们的互补性能够实现资源整合，帮助企业获取动态能力和竞争绩效。其中，契约治理对双元战略的互补主要是基于其可以通过注重效率来最小化成本。而关系治理对双元战略的互补主要是基于互利互惠和柔性来促进企业间信息共享，进而挖掘新的商务机会[29]。在这种高竞争和透明化的数字化背景下，企业仅仅追求一种目标或策略已经远远不够，需要将电子商务双元战略和外部关系资源（关系治理和契约治理）进行有效的匹配。Yin 和 Zajac[30]的研究也发现了组织战略和治理结构的适配对组织竞争力的正向影响。

6.2.2　电子商务双元能力的中介效应

基于组织双元理论（特别是情境双元），本章提出的电子商务双元能力是指企业具备利用信息技术整合现有企业资源，以及通过信息技术探索和挖掘新产品与新服务的能力，即电子商务适应能力（e-business adaptability capability，EAC）和电子商务整合能力（e-business alignment capability，EIC），这是一种典型的组织运作双元[6]。其中，电子商务整合能力是指企业利用信息技术整合现有资源的能力；电子商务适应能力是指企业具有利用新兴数字化资源（如数字化架构、数字化技能等）探索和挖掘市场机遇（如新顾客、新产品等）的能力。在数字化背景下，企业管理层首先实现电子商务战略双元，并产生运作双元（即电子商务利用能力和电子商务探索能力），从而增加收益并创造电子商务价值。

电子商务双元战略能够帮助企业形成电子商务双元能力，这种双元战略能够指导组织的具体运作，从而形成组织惯例。文献[31]也发现决策和领导的双元性能够促进企业组织双元性。Kristal 等[16]研究验证了制造企业供应链双元战略和组合性竞争能力之间的正向直接关系。在企业实践中，核心企业的管理层注重利用数字化技术探索新的商务机遇和创新点，将有利于促进在日常业务流程和商务活动中的适应性和整合性，如与合作伙伴一起建立了全新的合作商务流程或提供交易信息和状态的在线查询等功能。由此，我们提出如下假设。

H6.1：电子商务双元战略对电子商务双元能力有正向促进作用。

目前研究均认为战略的双元性和运作的双元性均可以促进企业绩效[4,32]。例如，Mithas 和 Rust[4]就发现了双元型 IT 战略将更有利于绩效的产生；Im 和 Rai[32]则在企业间背景下发现了组织间双元性与关系绩效之间的正向相关关系。然而，电子商务双元战略是管理层对双元性的认识和需求，需要在电子商务具体运作中开展和实施，因此还可能存在电子商务双元战略首先形成电子商务双元能力，接着通过电子商务双元能力产生企业的竞争绩效，即存在电子商务双元能力的中介效应。因此，我们提出如下假设。

H6.2：电子商务双元战略通过电子商务双元能力的中介作用促进竞争绩效。

6.2.3　契约治理的调节效应和被中介的调节效应

企业需要同渠道伙伴建立紧密合作关系才能够获取组织双元性，尤其是渠道伙伴作为核心企业创新活动的成员之一。IT 治理是企业采用有效的管理机制来控制 IT 应用，减少和规避风险，确保 IT 能够完成业务目标。目前文献[19]主要聚焦在商务和 IT 部门的责任与权力的分配上，包括组织结构、治理流程和关系机制三个维度[33]，并通过特定整合或协调机制来保障 IT 价值的实现[22]。在本章中主要突出 IT 治理的契约治理（CG）和关系治理（RG）来管理与控制数字化所带来的风险和成本，从而保障企业价值的获取。在合作中的新机遇和挑战需要双方的及时沟通和正确理解，这就需要契约治理和关系治理促进双方的有效合作。

契约治理能够降低双方合作过程中的道德风险，以书面合同和规则的形式促进核心企业和渠道伙伴的业务流程整合[34]，并能够根据市场和合作需要及时地调整电子合作方式，促进电子商务双元能力的形成。相关合作协议将会为电子商务双元战略的有效实施提供制度保障。因此，结合有效的契约治理，电子商务双元战略能够更好地转化为电子商务双元能力。得到如下假设。

H6.3：契约治理正向调节电子商务双元战略与电子商务双元能力之间的正相关关系。

契约治理同样也能够促进电子商务双元战略和企业竞争绩效的正向作用关系。关系观认为组织内外部资源的互补性将能够帮助企业获取竞争绩效[28,35]。契约治理对电子商务双元战略和竞争绩效的促进作用是基于以下路径：电子商务双元战略和契约治理的互补性增加了电子商务双元能力，从而通过电子商务双元能力的中介作用产生竞争绩效。因此，契约治理对双元战略和竞争绩效关系的加强，是契约治理对双元战略和双元能力正向作用关系的加强，从而双元能力的提升进一步增加了企业竞争绩效。因此，得到如下假设。

H6.4：契约治理正向调节电子商务双元战略与电子商务双元能力之间的正相关关系，并且这种正向调节效应会通过电子商务双元能力的中介作用影响竞争绩效。

6.2.4　关系治理的调节效应和被中介的调节效应

关系治理主要是合作双方围绕一个共同目标，并通过信任和道德等社会化机制管理与协调核心企业和渠道伙伴的合作关系[21]。电子商务双元战略主要是核心企业管理层对双元性的认识，电子商务双元战略能够转化为运作层的整合能力和适应能力（即电子商务双元能力），而这种能力的获取需要核心企业和合作企业的相互信任并建立长期的合作关系。这种关系治理将能够有效地促进电子商务双元战略和电子商务双元能力之间的正向影响关系。因此，本章假设如下。

H6.5：关系治理正向调节电子商务双元战略与电子商务双元能力之间的正相关关系。

关系治理对电子商务双元战略的作用还体现在对企业竞争绩效的改善。基于关系观，企业间的互信互惠机制将有利于核心企业进行企业间的商务合作活动，有效的关系治理将能够促进竞争绩效[28]。本章认为存在关系治理对电子商务双元战略和竞争绩效的促进作用，并会通过双元能力这个中介变量发挥作用。关系治理对电子商务双元战略和竞争绩效关系的加强，是关系治理对电子商务双元战略和电子商务双元能力正向作用关系的强化，从而提升电子商务双元能力并增加企业竞争绩效。例如，海尔集团在实施电商战略（如建设采购平台）时，对供应商给予协助，积极帮助供应商降低成本并加快产品开发速度，通过长期信任合作替代短期合同，促进了海尔集团电商战略有效执行并形成异质性组织能力和竞争优势。因此，得出如下假设。

H6.6：关系治理正向调节电子商务双元战略与电子商务双元能力之间的正相关关系，并且这种正向调节效应会通过电子商务双元能力的中介作用影响竞争绩效。

6.3　研　究　设　计

6.3.1　样本和数据收集

研究主要变量的测量尽可能参考国内外的成熟量表，同时考虑我国企业电子商务的实践，以确保量表的信度和效度。按照翻译和回译的程序，由本专业的 2 名博士研究生将英文题项翻译为中文，再找 3 名硕士研究生将题项回译成英文，通过对比确保了问卷翻译的准确性。并通过对神龙汽车有限公司等 10 余家企业 IT /商务主管的实地调研后，根据调查反馈，针对企业电子商务运作状况，修正问卷测量相关指标语言表达，确定最终用于大规模调查的量表。

在相关电子商务协会、经济和信息化委员会的支持下，使用网络和面谈两种方式，向全国信息化程度较高的企业发放问卷 700 份。我们采用配额抽样的方法确定被调查企业名单：基于行业机构和政府部门获取的企业名单，并根据不同城市的企业数，按照比例配额确定最终的调查企业名单，每家公司我们发放一份问卷。问卷均要求企业信息化部门和商务部门负责人等中高层管理者填写。在经过电话和邮件等方式督促的情况下，我们在一个多月内共回收问卷 213 份，回收率为 30.43%。由于部分问卷存在填写缺失和较多相同回答等问题，删除 9 份问卷，共得到有效问卷 204 份。样本特征见表 6.1。

表 6.1　样本特征（$N = 204$）

特征		企业个数	百分比/%
区域	华北地区	27	13.2
	华东地区	47	22.9
	华南地区	43	21.3
	华中地区	79	38.7
	其他地区	8	3.9

续表

特征		企业个数	百分比/%
企业性质	国有企业	56	27.5
	民营企业	86	43.6
	中外合资企业	33	14.7
	外商独资企业	29	14.2
员工人数	100 人及以下	50	24.9
	101～500 人	55	26.8
	501～1000 人	52	25.4
	>1000 人	47	22.9
行业类型	机械产品制造	37	18.1
	电子设备制造	31	15.1
	信息服务/软件	26	12.7
	批发零售业	20	9.7
	咨询/教育/旅游	14	6.8
	金融/物流	19	9.3
	食品加工/烟草	15	7.3
	医药/化工	15	7.3
	纺织/皮毛制造	13	6.9
	其他	14	6.8

本章采用比较早期和后期被试问卷来检验是否存在无响应偏差。该方法认为后续回收的样本和无响应样本相似,因此使用先前回收样本和后续样本进行比较。结果表明两组样本在企业规模、企业性质等类型上不存在显著差异（$p>0.1$）。因此本章中的样本不存在响应偏差。

由于采用的是单一来源的问卷数据,本章采用事前预防和事后检验来避免共同方法变异。事前预防包括如下措施:首先,在调查程序上进行控制,保护被试者匿名性、减小被试者对测量目的的猜测;其次,在面谈收集问卷时,对因变量和自变量在测量的空间上(如在办公室和机房分别填写问卷)、心理上(如在回答问卷时,插入一些企业案例与被试者互动)进行适当分离。事后检验我们分别采用 Harman 单因素测试和方法因子两种方法进行检验。一是采用 SPSS 22.0 进行探索性因子分析,发现不管是采用未限定抽取因素法以特征根大于 1 为抽取因子标准还是限定抽取因子为 1,都无法提取一个因子,并且最大因子的解释度为41.71%,小于总体解释度的 50%。二是通过引入一个方法因子,其指标是所有构念的指标集合,比较每个指标被其相关构念和方法因子解释的方差,计算每个测量指标在其相关构念和方法因子上的负载。我们发现，相关构念对测量指标的平均解释方差为 0.802，而方法因子对测量指标的平均解释方差为 0.051，并且在方法因子上的负载都不显著。

为了进一步考察同源数据的偏差，本章采用相关系数法检验竞争绩效和客观财务绩效的相关关系[36,37]，具体流程如下：

（1）从 Oriana 亚太公司财务数据库和上市公司财务数据库中识别出与本章被试企业匹配的名单，一共有 46 家企业；

（2）收集了这 46 家企业在问卷收集年份（t 年）及下一年份（$t+1$ 年）有关净资产收益率（ROE）和销售净利润（NPM）的数据；

（3）将竞争绩效与客观财务数据（ROE 和 NPM）进行 Pearson 相关分析，平均相关系数达到 0.451（$p < 0.05$）。

综上分析，本章不存在显著的方法偏差。

6.3.2　变量测量

研究采用利克特七点量表，让被试者结合企业自身情况对题目描述的同意程度从 1～7 进行评价（1 表示"非常不同意"，7 表示"非常同意"）。变量的指标题项见表 6.2。

表 6.2　构念测量、信度和聚合效度分析

变量	题项	因子负载	AVE
电子商务双元战略（SA）	Cronbach's α = 0.856；CR = 0.896		
	规划并整合分销渠道，获得更好的代理商管理能力	0.858	
	制定加强与伙伴的全方位合作，拓展新市场的目标	0.850	0.684
	利用基于互联网的新商务机遇的策略	0.809	
	加强信息共享，实现更快的市场反应能力的策略	0.789	
电子商务适应性（AF）	Cronbach's α = 0.910；CR = 0.937		
	与合作伙伴一起建立了全新的合作商务流程（如电子订购）	0.871	
	通过企业间在线合作加快了新产品开发进度	0.916	0.788
	企业不断推出符合客户需求的增值服务	0.885	
	企业实现了营销创新，提供在线销售与服务的策略（如精准营销等）	0.879	
电子商务整合性（AI）	Cronbach's α = 0.923；CR = 0.945		
	在线共享更新的产品/服务信息（如性能、价格等），支持在线浏览	0.890	
	提供交易信息和状态的在线查询等功能，支持在线查询	0.914	0.812
	在线共享产品交付和顾客反馈信息，支持及时跟踪或提供后续服务	0.927	
	在线共享市场信息（如产品预测等）支持管理决策	0.872	

续表

变量	题项	因子负载	AVE
契约治理（CG）	Cronbach's α = 0.831；CR= 0.899		0.748
	对 IT 技术支持企业间商务活动进行了正式规划	0.872	
	制定了企业间商务合作中 IT 系统的具体应用方案	0.909	
	建立了有效的合作机制（如利益分配），鼓励伙伴加入分销渠道	0.811	
关系治理（RG）	Cronbach's α = 0.907；CR= 0.936		0.786
	合作双方彼此相信对方的承诺	0.913	
	相关决策有利于双方的长期合作关系	0.925	
	愿意维持和发展互信的合作关系	0.932	
	即使有更好的选择，合作双方都不会放弃对方	0.765	
竞争绩效（CP）	Cronbach's α = 0.945；CR= 0.967		0.901
	比竞争者拥有更高的市场占有率	0.945	
	比竞争者具有更高的盈利能力	0.958	
	比竞争者具有更高的销售增长率	0.945	

自变量：电子商务双元战略强调核心企业利用互联网等数字化技术对现有商务管理利用和未来商务机遇探索的一种规划和策略，基于双元理论，文献[7]和[13]设计该构念的题项，并采用德尔菲法对初步设计的题项进行 3 轮迭代，最终确定电子商务双元战略的 4 个题项。

中介变量：电子商务双元能力则强调企业运作层上同时实现电子商务整合能力和电子商务适应能力。本章采用反映型（reflective）测度方法设计电子商务整合能力和电子商务适应能力的测量指标，分别采用 4 个指标测量。接着，根据组织双元性的传统做法[3,6]，本章中的电子商务双元能力通过计算电子商适应能力和电子商务整合能力的交互项（item-level interaction terms）得到。

调节变量：契约治理是采用正式的合同和规章制度来协调与管理企业间电子商务活动；关系治理则是合作双方通过围绕一个共同目标而发展起来的互信关系和成员依赖性，从而保障企业间电子商务活动。这两个构念的测量指标在参考 IT 治理相关文献论述基础上[21,24,25]，分别采用 3 项和 4 项指标测量。

因变量：主要是对最终价值的衡量。为了衡量数字化竞争环境的影响，引入了竞争绩效[38]，反映的是相比竞争对手，核心企业在顾客反应和生产率提升上的相对优势[38]，采用 3 个指标测量。

控制变量：企业规模采用企业员工数量的定序数据来衡量，主要包括"1：100人以下，2：101～500 人，3：501～1000 人，4：>1000 人"；企业性质则采用定类数据测量，主要包括"1：国有企业，2：民营企业，3：中外合资企业，4：外商独资企业"；行业类型也采用定类数据测量，具体类别见表 6.1。

6.4　数据结果

6.4.1　变量的信度和效度

采用 SPSS 22.0 和 AMOS 18.0 对量表进行信度与效度分析。首先，本章使用 SPSS 22.0 进行探索性因子分析（EFA），KMO 统计量为 0.895，并在 0.001 显著水平下通过检验，最终共提取 6 个特征根大于 1 的因子，解释了 80.19% 的方差，因而指标具有良好的效度。另外，所有构念的 Cranbach's α 系数和组成信度（CR）均在 0.8 以上（表 6.2），确保了本章量表的信度。接着，使用 AMOS 18.0 进行验证性因子分析（CFA），样本数据和假设模型的拟合度好（绝对指标 χ^2(366.94)/df(193)=1.901，$p < 0.001$，GFI = 0.864，RMSEA = 0.067；相对指标 NFI=0.902，IFI=0.951，TLI=0.941，CFI=0.951），因子负载在 0.70 以上，均达到 0.001 的显著性水平，所有 AVE 均在 0.6 以上，说明本章构念拥有良好的聚合效度。对这些构念的效度和信度进行检验，计算每个构念的题项均值，将该构念得分作为下一步数据分析的基础。均值、标准差、Pearson 相关系数和区分效度见表 6.3。

表 6.3　均值、标准差、Pearson 相关系数和区分效度

变量	均值	标准差	AF	AI	CP	CG	RG	SA
电子商务适应性（AF）	4.642	1.191	*0.888*					
电子商务整合性（AI）	4.683	1.201	0.652***	*0.901*				
竞争绩效（CP）	4.917	1.104	0.426***	0.463***	*0.949*			
契约治理（CG）	4.830	1.030	0.510***	0.543**	0.608***	*0.865*		
关系治理（RG）	5.385	4.917	0.371***	0.383**	0.494***	0.456***	*0.887*	
电子商务双元战略（SA）	5.578	1.002	0.225**	0.255***	0.408**	0.351**	0.357**	*0.827*

注：***表示 $p < 0.001$；**表示 $p < 0.01$；对角线斜体加粗的数字为 AVE 的平方根。

6.4.2　内生性和鲁棒性检验

在进行假设之前，本章对内生性偏差进行了评估。虽然基于双元理论和 IT 治理的相关文献提出了契约治理和关系治理的调节作用，但仍可能存在电子商务双元能力对两类 IT 治理的促进作用。因此，本章中可能存在内生性问题。本章采用 Durbin-Wu-Hausman 检验来评估内生性偏差[39]。首先，以电子商务双元战略为自变量，契约治理和关系治理为因变量进行回归分析，分别获取两个调节变量的残差。接着，进行增强回归（augmented regression），即以电子商务双元能力为因变量，自变量包括电子商务双元战略、两个调节变量的残差，以及所有控制变量。结果发现两个调节变量的残差系数均不显著，因此本章模型的内生性问题并不显著存在。

对于统计结果的鲁棒性，通过如下步骤进行保证。首先，自变量的误差项应服从正态分布。Shapiro-Wilk's W 检验显示电子商务双元战略（$w = 0.989, p = 0.127$）、电子商务双元能力（$w = 0.990, p = 0.457$）、契约治理（$w = 0.987, p = 0.232$）和关系治理（$w = 0.988, p = 0.342$）的残差均不显著。因此，本章模型的自变量误差项均服从正态性假定。其次，本章采用 G×Power 软件包计算 204 个样本量是否具备足够的统计效力。计算结果显示，研究模型的统计效力均达到 0.9 以上，因此本章样本量可以解释该模型。

6.4.3　假设检验

采用 SPSS 22.0 通过逐步回归完成对研究假设的检验，在回归时对所有变量取均值，并进行进一步分析；对于调节作用则通过计算调节得分，并进行中性化处理，以避免多重共线性问题。本章分别以电子商务双元能力（模型 1 和模型 4）和企业竞争绩效（模型 2、模型 3 和模型 5~模型 7）为因变量，建立回归模型检验研究假设，结果见表 6.4。根据表 6.4 中的结果，发现 VIF 为 1.020~2.012（≪10），因此并不存在严重的多重共线性。

表 6.4　假设检验的回归结果

变量	模型 1 双元能力	模型 2 竞争绩效	模型 3 竞争绩效	模型 4 双元能力	模型 5 竞争绩效	模型 6 竞争绩效	模型 7 竞争绩效
常数项	1.539**	1.666**	1.577**	−0.735	−0.121	−0.065	0.027
	0.653	0.510	0.501	0.714	0.488	0.487	0.546
员工人数	−0.043	0.055	0.062	−0.054	0.019	0.023	0.020
	0.055	0.043	0.042	0.052	0.036	0.036	0.036

续表

变量	模型 1 双元能力	模型 2 竞争绩效	模型 3 竞争绩效	模型 4 双元能力	模型 5 竞争绩效	模型 6 竞争绩效	模型 7 竞争绩效
企业性质	−0.138	0.036	0.058	−0.103	0.016	0.024	0.019
	0.087	*0.068*	*0.067*	*0.083*	*0.057*	*0.057*	*0.056*
行业类型	0.012	0.042**	0.040**	0.004	0.015	0.015	0.015
	0.022	*0.017*	*0.017*	*0.021*	*0.014*	*0.014*	*0.014*
战略双元（SA）	0.284**	0.452***	0.238***	0.148*	0.195**	0.199**	0.203**
	0.091	*0.071*	*0.070*	*0.094*	*0.064*	*0.064*	*0.064*
契约治理				0.164*	0.455***	0.449***	0.410***
				0.096	*0.066*	*0.066*	*0.078*
关系治理				0.296**	0.272***	0.249**	0.269**
				0.112	*0.077*	*0.078*	*0.087*
SA×契约治理				0.302***	0.229**	0.092	
				0.080	*0.055*	*0.056*	
SA×关系治理				0.086*	0.049	0.016	
				0.043	*0.064*	*0.064*	
双元能力（AC）			0.164**			0.187**	0.164**
			0.055			*0.049*	*0.056*
AC×契约治理							0.032
							0.030
AC×关系治理							0.001
							0.047
R^2	0.089	0.199	0.235	0.196	0.472	0.478	0.474
ΔR^2	0.068	0.183	0.215	0.151	0.450	0.454	0.449
F	10.234	12.147	11.895	4.420	21.324	19.367	19.053
最大 VIF	1.020	1.020	1.023	1.386	1.386	1.437	2.012

注：***表示 $p < 0.001$；**表示 $p < 0.01$；*表示 $p < 0.05$；斜体数字为标准误差。

H6.1 认为电子商务双元战略和电子商务双元能力存在正向关系。模型 1 表明电子商务双元战略和电子商务双元能力之间的回归系数为正且显著（$\beta = 0.284$，$p < 0.01$），H6.1 得到支持。H6.2 表明的是中介效应，即电子商务双元战略通过电子商务双元能力促进企业竞争绩效。我们采用 Baron 和 Kenny 的中介检验步骤对电子商务双元能力的中介效应进行了检验[40,41]，结果见表 6.4。首先，不考虑中介变量（电子商务双元能力），做自变量（电子商务双元战略）对因变量（竞争绩效）回归，发现了正向显著影响关系（$\beta = 0.452$，$p < 0.001$；模型 2）。其次，做自变量

（电子商务双元战略）对中介变量（电子商务双元能力）的回归，也发现了正向显著影响关系（$\beta = 0.284, p < 0.01$；模型 1）。当考虑中介变量（电子商务双元能力）时，发现自变量（电子商务双元战略）对因变量（竞争绩效）的作用减小，但仍是显著的（$\beta = 0.238 < 0.452, p < 0.001$；模型 3）。因此，电子商务双元能力起到了部分中介的作用。H6.2 得到支持。

H6.3 和 H6.5 均为调节作用检验，其中 H6.3 认为契约治理正向调节电子商务双元战略和电子商务双元能力之间的正向相关关系；H6.5 则提出关系治理正向调节电子商务双元战略和电子商务双元能力之间的正向相关关系。在模型 4 中，SA×契约治理和 SA×关系治理的回归系数均显著为正（$\beta = 0.302, p < 0.001$；$\beta = 0.086, p < 0.05$），因此，H6.3 和 H6.5 得到支持。

H6.4 和 H6.6 是有中介的调节模型，表明的是自变量对因变量的效应受到调节变量的影响，而调节效应（至少部分地）通过中介变量而起作用[41-43]。本章对被中介的调节效应的检测具体步骤如下：第一步，做因变量（竞争绩效）对自变量（电子商务双元战略）、调节变量（契约治理和关系治理），以及自变量（电子商务双元战略）×调节变量（契约治理和关系治理）的回归，两个交互项系数均显著（$\beta = 0.302, p < 0.001$；$\beta = 0.086, p < 0.05$）。第二步，做中介变量（电子商务双元能力）对自变量（电子商务双元战略）、调节变量（契约治理和关系治理），以及自变量（电子商务双元战略）×调节变量（契约治理和关系治理）的回归，此时 SA×契约治理的交互项系数仍显著（$\beta = 0.229, p < 0.01$），而 SA×关系治理的交互项系数不显著（$\beta = 0.049, p > 0.1$）。最后，做因变量（竞争绩效）对自变量（电子商务双元战略）、调节变量（契约治理和关系治理）、自变量（电子商务双元战略）×调节变量（契约治理和关系治理）和中介变量（电子商务双元能力）的回归，中介变量（电子商务双元能力）的系数显著（$\beta = 0.187, p < 0.01$），而交互效应的系数均不显著（$\beta = 0.092, p > 0.1$；$\beta = 0.016, p > 0.1$），则契约治理调节效应完全通过中介变量（电子商务双元能力）而起作用。因此 H6.4 得到支持，而 H6.6 没有得到支持。

为了进一步检验研究模型的稳健性，本章还验证了契约治理和关系治理在电子商务双元能力与竞争绩效之间的调节作用。模型 7 报告了该作用关系的相关数据（$\beta = 0.032, p > 0.1$；$\beta = 0.001, p > 0.1$），表明了在电子商务双元能力和竞争绩效之间的正向作用关系中，契约治理和关系治理均不存在调节效应。

本章为进一步分析契约治理和关系治理的调节效应，分别绘制了在高水平契约治理（高于平均值 3 个标准差）和低水平契约治理（低于平均值 3 个标准差）情境下，电子商务双元战略和电子商务双元能力的关系图（图 6.2）；以及在高水平关系治理（高于平均值 3 个标准差）和低水平关系治理（低于平均值 3 个标准差）情景下，电子商务双元战略和电子商务双元能力的关系图（图 6.3）。如图 6.2 所见，高水平契约治理情景下电子商务双元战略和电子商务双元能力之间的正向关系要强于低水平契约治理情景下电子商务双元战略和电子商务双元能力之间的正向关系，表明高水平契约治理的情景下，电子商务双元战略对电子商务双元能力正向影响会加强。由图 6.3 可见，高水平关系治理的情景下电子商务双元战略与电子商务双元能力之间的正向关系要强于低水平关系治理情景下电子商务双元战略与电子商务能力之间的正向关系，表明在高水平关系治理的情景下，电子商务双元战略对电子商务双元能力的正向影响同样会得到加强。

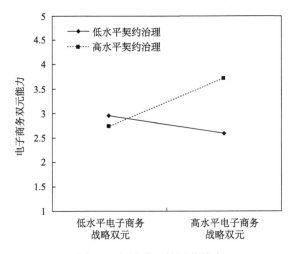

图 6.2　契约治理的调节效应

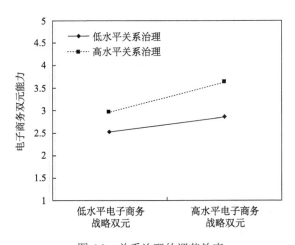

图 6.3　关系治理的调节效应

6.5　研究结论与讨论

6.5.1　研究结论

　　基于 IT 双元性视角,本章提出并检验了数字化背景下电子商务价值创造的两条主要路径。首先,检验了电子商务双元能力的中介效应及其对企业竞争绩效的影响;其次,探讨了契约治理和关系治理背景下,电子商务双元战略、电子商务双元能力与企业竞争绩效之间的作用机制。研究结果表明,企业主要通过电子商务双元战略来影响和提高电子商务双元能力,电子商务双元能力在电子商务双元战略对企业竞争绩效的促进关系中起着中介作用。在此基础上,研究进一步发现了契约治理正向调节电子商务双元战略和电子商务双元能力之间的相关关系,同时也正向调节电子商务双元战略和企业竞争绩效之间的正向相关关系,并且这种正向作用主要通过电子商务双元能力的中介作用影响竞争绩效。最后,还发现了关系治理正向调节电子商务双元战略和电子商务双元能力之间的正向相关关系,而关系治理对电子商务双元战略和竞争绩效之间的关系不存在调节作用,并且对电子商务双元战略的调节效应也不通过电子商务双元能力的中介作用影响竞争绩效。

6.5.2　理论贡献

　　本章的研究发现为组织双元和 IT 治理文献做出了一定的理论贡献。

　　(1)提出并证实了电子商务双元战略对电子商务双元能力的正向影响,以及电子商务双元战略通过电子商务双元能力的部分中介影响企业竞争绩效的作用关系。文献[18]和[32]研究了双元性和企业绩效关系,包括了组织双元战略和企业绩效,以及组织双元能力和企业绩效之间的关系,但是忽视了双元性的内部影响机制。本章不仅发现了电子商务双元战略和电子商务双元能力,以及电子商务双元战略和企业竞争绩效的正向关系,还进一步表明电子商务双元战略将通过电子商务双元能力进一步影响企业竞争绩效。该发现丰富了电子商务双元战略和电子商务双元能力的关系,并获得了电子商务双元战略通过电子商务双元能力影响企业竞争绩效的新的作用路径。

　　(2)研究发现契约治理和关系治理在通过调节电子商务双元战略与电子商务双元能力的关系,并进一步影响企业竞争绩效的作用关系存在作用差异,电子商务双元能力的中介作用也存在作用差异。契约治理在电子商务双元战略和企业竞争绩效之间的正向调节作用,主要是通过电子商务双元能力的中介作用进行传递的。电子商务双元能力的中介作用表现为，契约治理首先加强了电子商务双元战略对电子商务双元能力的影响，而电子商务双元能力的上升又进一步加强了企业竞争绩效。然而，本章虽然证实了关系治理能够正向调节电子商务双元战略和电子商务双元能力之间的正向关系，但是没有发现关系治理对电子商务双元战略和企业竞争绩效之间的调节效应。因此，关系治理对电子商务双元战略的调节作用并不直接作用于企业竞争绩效，而且也不存在关系治理对电子商务双元战略和企业竞争绩效之间关系的调节效应会通过电子商务双元能力的中介传递这条路径。这两种有差异的被中介的调节效应，进一步加强了契约治理和关系治理两种不同调节作用下电子商务双元战略、电子商务双元能力以及企业竞争绩效之间作用路径关系的理论理解。

（3）发现了契约治理会增强电子商务双元战略对电子商务双元能力的正向影响机制，以及契约治理会加强电子商务双元战略和企业竞争绩效之间的正向关系，支持了契约治理和电子商务双元战略的互补性与适配性，并与 Blome 等[35]提出的双元治理和组织双元性互补对创新绩效存在显著正向作用，以及 Yin 和 Zajac[30]发现组织战略和治理结构的适配对组织竞争力的正向影响等观点一致。这表明契约治理和电子商务双元战略之间可以有相辅相成的作用机制。另外，治理的相关文献探讨了契约治理和关系治理的关系，但研究观点并不统一[21]。先前研究普遍认为契约治理和关系治理存在替代或互补效应。这些研究结论和本章的发现对于整合治理理论与组织双元理论具有重要的理论指导意义。

（4）研究虽然证实了关系治理在电子商务双元战略和电子商务双元能力之间的正向调节效应，但是并没有发现关系治理对电子商务双元战略和企业竞争绩效之间的调节作用，也没有得到电子商务双元能力对这种调节作用的中介效应。本章对此给出的解释是，不同于电子商务双元能力和企业竞争绩效的直接作用关系，电子商务双元战略是强调管理层的承诺或愿景，而并不具有更强的法律约束。关系治理不同于契约治理，主要基于核心企业和渠道伙伴的相互信任与理解而进行的企业间活动管理。因此，关系治理和电子商务双元战略存在功能上的重叠，并不存在高度互补性，关系治理并没有对电子商务双元战略和竞争绩效之间存在调节作用。进一步，也就不存在关系治理对电子商务双元战略和企业竞争绩效之间关系的调节效应会通过电子商务双元能力的中介而传递。关系治理的文献主要关注关系治理与契约治理对联盟绩效或 IT 外包效果的作用[21,24]，本章则将其与组织双元性进行研究，扩展了治理理论的应用范围。

6.5.3　实践启示

本章的研究结论也为数字化背景下企业电子商务价值的获取提供了管理启示。

（1）发现在数字化背景下，核心企业和渠道伙伴要想获取长期竞争绩效，则需要通过"电子商务双元战略→电子商务双元能力→企业竞争绩效"的作用路径。因此企业管理者应将电子商务双元战略作为必要的触发器，通过其对电子商务双元能力的直接影响而进一步影响企业竞争绩效。

（2）还发现了另一条电子商务价值的获取路径，即通过有效的治理来降低数字化风险，从而保障竞争绩效的获取。具体来说，契约治理和电子商务双元战略存在互补效应，因此需要加强这二者的匹配，从而保障电子商务双元能力和企业竞争绩效的获取。另外，还要注重关系治理的效应，该机制主要通过建立互信关系保障合作商务活动的展开，由于关系治理和电子商务双元战略存在一定的替代性，其促进作用相对较弱。因此，随着我国市场经济制度的不断完善，企业应充分地利用契约治理，适当地应用关系治理，从而进一步促进电子商务双元战略和竞争绩效的正向关系。

6.5.4　研究展望

本章也存在一些研究局限：①虽然考虑了数字化环境下企业管理者的感知，但这些因素的权变影响和干扰并没有以变量的形式考虑，今后考虑增加客观指标测量；②本章选择的是核心企业与渠道伙伴在数字化环境下的合作电子商务数据，随着平台活动进一步扩展，今后可以进一步抓取合作平台的客观数据验证，增加结论的外部效度；③基于 IT 双元性视角考虑了数字化背景下电子商务价值创造的两条主要路径，但是是否还存在其他的价值增加机制还需要进一步探索和研究，例如，Amit 和 Zott[44]曾提出电子商务价值创造的四种来源：新颖、效率、套牢和互补，今后研究还需要进一步加入这些特性来研究数字化背景下电子商务价值创造过程。

参 考 文 献

[1]　阿里研究院. 智慧之巅: DT 时代的商业革命[M]. 北京: 机械工业出版社, 2016.

[2]　Grover V, Kohli R. Revealing your hand: Caveats in implementing digital business strategy[J]. MIS Quarterly, 2013, 37(2): 655-662.

[3]　Lee O K, Sambamurthy V, Lim K H, et al. How does IT ambidexterity impact organizational agility?[J]. Information Systems Research, 2015, 26(2): 398-417.

[4] Mithas S, Rust R T. How information technology strategy and investments influence firm performance: Conjecture and empirical evidence[J]. MIS Quarterly, 2016, 40(1): 223-245.

[5] El Sawy O A, Malhotra A, Park Y, et al. Seeking the configurations of digital ecodynamics: It takes three to tango[J]. Information Systems Research, 2010, 21(4): 835-848.

[6] Gibson C B, Birkinshaw J. The antecedents, consequences, and mediating role of organizational ambidexterity[J]. Academy of Management Journal, 2004, 47(2): 209-226.

[7] Simsek Z. Organizational ambidexterity: Towards a multilevel understanding[J]. Journal of Management Studies, 2009, 46(4): 597-624.

[8] 凌鸿, 赵付春, 邓少军. 双元性理论和概念的批判性回顾与未来研究展望[J]. 国外经济与管理, 2010, 32(1): 25-33.

[9] Granados N, Gupta A. Transparency strategy: Competing with information in a digital world[J]. MIS Quarterly, 2013, 37(2): 637-641.

[10] 仲伟俊, 吴金南, 梅姝娥. 电子商务应用能力: 概念、理论构成与实证检验[J]. 系统管理学报, 2011, 20(1): 47-55.

[11] Sambamurthy V, Bharadwaj A, Grover V. Shaping agility through digital options: Reconceptualizing the role of information technology in contemporary firms[J]. MIS Quarterly, 2003, 27(2): 237-263.

[12] Kude T, Schmidt C, Mithas S, et al. Disciplined autonomy and innovation effectiveness: The role of team efficacy and task volatility[C]. Academy of Management Annual Meeting Proceedings, Vancouver, 2015: 18802.

[13] Raisch S, Birkinshaw J. Organizational ambidexterity: Antecedents, outcomes, and moderators[J]. Journal of Management, 2008, 34(3): 375-409.

[14] Teece D J, Pisano G, Shuen A. Dynamic capabilities and strategic management[J]. Strategic Management Journal, 1997, 18(7): 509-533.

[15] Ancona D G, Tushman M L. Time: A new research lens[J]. Academy of Management Review, 2001, 26(4): 645-663.

[16] Kristal M M, Huang X, Roth A V. The effect of an ambidextrous supply chain strategy on combinative competitive capabilities and business performance[J]. Journal of Operations Management, 2010, 28(5): 415-429.

[17] 王铁民, 李鹏, 邹洁, 等. 联想集团 "双模式" 战略实施中的双元能力培育[J]. 企业管理, 2013, (2):78-80.

[18] O'Reilly C A, Tushman M L. Organizational ambidexterity: Past, present, and future[J]. Academy of Management Perspectives, 2013, 27(4): 324-338.

[19] Weill P, Ross J W. IT Governance[M]. New York: McGraw-Hill Professional, 2004.

[20] Tiwana A, Kim S K. Discriminating IT governance[J]. Information Systems Research, 2015, 26(4): 656-674.

[21] Cao Z, Lumineau F. Revisiting the interplay between contractual and relational governance: A qualitative and meta-analytic investigation[J]. Journal of Operations Management, 2015,

33-34(1): 15-42.

[22] Schlosser F, Beimborn D, Weitzel T, et al. Achieving social alignment between business and IT - An empirical evaluation of the efficacy of IT governance mechanisms[J]. Journal of Information Technology, 2015, 30(2): 119-135.

[23] 王琦, 刘咏梅, 卫旭华. IT 外包项目中控制机制与合作绩效的实证研究——基于 IT 服务提供商的视角[J]. 系统管理学报, 2014, 23(2): 166-173.

[24] Lioliou E, Zimmermann A, Willcocks L, et al. Formal and relational governance in IT outsourcing: Substitution, complementarity and the role of the psychological contract[J]. Information Systems Journal, 2014, 24(6): 503-535.

[25] Poppo L, Zenger T. Do formal contracts and relational governance function as substitutes or complements?[J]. Strategic Management Journal, 2002, 23(8): 707-725.

[26] Grover V, Kohli R. Cocreating IT value: New capabilities and metrics for multifirm environments[J]. MIS Quarterly, 2012, 36(1): 225-232.

[27] O'Reilly C A, Tushman M L. Ambidexterity as a dynamic capability: Resolving the innovator's dilemma [J]. Research in Organizational Behavior, 2008, 28: 185-206.

[28] Dyer J H, Singh H. The relational view: Cooperative strategy and sources of interorganizational competitive advantage[J]. Academy of Management Review, 1998, 23(4): 660-679.

[29] 高展军, 江旭. 联盟公平的工具效应及其对合作绩效的影响——被中介的调节效应研究[J]. 南开管理评论, 2016, 19(2):145-156.

[30] Yin X, Zajac E J. The strategy/governance structure fit relationship: Theory and evidence in franchising arrangements[J]. Strategic Management Journal, 2004, 25(4): 365-383.

[31] Kortmann S. The mediating role of strategic orientations on the relationship between ambidexterity-oriented decisions and innovative ambidexterity[J]. Journal of Product Innovation Management, 2014, 32(5): 666-684.

[32] Im G, Rai A. IT-enabled coordination for ambidextrous interorganizational relationships[J]. Information Systems Research, 2014, 25(1): 72-92.

[33] 高皓, 朱涛, 张晶, 等. 中国企业IT治理机制的实证研究[J]. 科学学与科学技术管理, 2010, 31(4): 162-167.

[34] Benaroch M, Lichtenstein Y, Fink L. Contract design choices and the balance of ex-ante and ex-post transaction costs in software development outsourcing[J]. MIS Quarterly, 2016, 40(1): 57-82.

[35] Blome C, Schoenherr T, Kaesser M. Ambidextrous governance in supply chains: The impact on innovation and cost performance[J]. Journal of Supply Chain Management, 2013, 49(4): 59-80.

[36] Zhu Z, Zhao J, Tang X, et al. Leveraging E-business process for business value: A layered structure perspective [J]. Information and Management, 2015, 52(6): 679-691.

[37] Wu S P J, Straub D W, Liang T P. How information technology governance mechanisms and strategic alignment influence organizational performance: Insights from a matched survey of business and IT managers[J]. MIS Quarterly, 2015, 39(2): 497-518.

[38] Rai A, Tang X. Leveraging IT capabilities and competitive process capabilities for the management of interorganizational relationship portfolios[J]. Information Systems Research, 2010, 21(3): 516-542.

[39] Tang X, Rai A. The moderating effects of supplier portfolio characteristics on the competitive performance impacts of supplier-facing process capabilities[J]. Journal of Operations Management, 2012, 30(1/2): 85-98.

[40] Baron R M, Kenny D A. The moderator-mediator variable distinction in social psychological research: Conceptual, strategic, and statistical considerations[J]. Journal of Personality and Social Psychology, 1986, 51(6): 1173-1182.

[41] Hayes A F. Beyond baron and kenny: Statistical mediation analysis in the new millennium[J]. Communication Monographs, 2009, 76(4): 408-420.

[42] Muller D, Judd C M, Yzerbyt V Y. When moderation is mediated and mediation is moderated[J]. Journal of Personality and Social Psychology, 2005, 89(6): 852-863.

[43] 叶宝娟, 温忠麟. 有中介的调节模型检验方法: 甄别和整合[J]. 心理学报, 2013, 45(9): 1050-1060.

[44] Amit R, Zott C. Value creation in E-business[J]. Strategic Management Journal, 2001, 22(6/7): 493-520.

第7章　合作电子商务价值创造的实证研究

开展企业间合作电子商务已经成为企业获取电子商务价值的关键路径。认为具备情境双元性的企业能够获取合作电子商务活动的长期成功。然而，关于情境双元性的前因，前人研究主要关注组织内的相关因素，缺乏对组织间合作商务管理因素的考虑。在合作电子商务的背景下，焦点企业需要构建一种企业间商务管理机制（即企业间情境）并追求企业间整合性和适应性，进而获取合作电子商务价值。基于组织情境双元理论，本章从合作商务管理的视角，实证研究了企业间IT治理（包括正式治理（FG）和关系治理（RG））对电子商务双元能力（包括电子商务整合能力（EIC）和电子商务适应能力（EAC））的使能作用，以及电子商务双元能力的价值驱动机制。本章采用问卷调研法，对205家企业中高层管理者的数据进行收集，并基于PLS的结构方程对研究模型进行假设验证。本章结果表明，相比关系治理，作为硬性情境因素的正式治理更利于电子商务整合能力的形成；相比正式治理，作为软性情境因素的关系治理更利于电子商务适应能力的形成。此外，电子商务双元能力能够同时兼顾并影响短期和长期企业绩效。另外，验证了合作环境动荡性（ET）在企业间IT治理和电子商务双元能力之间的正向调节作用。最后，本章还发现了合作环境动荡性在电子商务双元能力对价值驱动过程中的差异化调节作用，即合作环境动荡性正向调节电子商务适应能力和企业绩效的关系，但合作环境动荡性在电子商务整合能力和企业绩效之间的调节作用不显著。研究结果扩展了情境双元理论在信息系统领域的应用，丰富了企业间合作电子商务领域的研究视角，对业界和学术界均有重要的指导意义。

7.1　概　　述

随着电子市场规模的不断扩大，电子商务产业链开始呈现网络化、协作化和平台化的趋势。在电子市场中，许多新型网络零售商（京东、美团等），以及传统生产和销售商（海尔、苏宁集团等）通过与伙伴构建合作关系来实现资源的互补（如物流配送和移动支付等），进而获取长期竞争优势[1]。例如，美团通过上门服务开放平台的建设，与垂直领域合作伙伴开展合作，二者充分地利用彼此的优势并整合相关服务，从而为用户提供优质的体验。因此，企业如何应用信息技术开展合作电子商务已经成为获取价值的关键。

合作运用电子商务对于企业获取价值具有重要的意义[2]，但是在高度动荡的合作环境中企业想要获取价值困难重重。在这种环境下，企业一方面需要整合合作伙伴的相关资源和能力，另一方面还需要及时地应对合作伙伴的需求和变化的外部环境[3]。研究发现有 50%的联盟失败是焦点企业不能及时对伙伴需求和外部环境进行反应[4]。因此，为获取合作电子商务活动的长期成功，焦点企业需要具备情境双元性[5]，包括：①整合性，即整合伙伴的相关资源和活动以实现合作目标；②适应性，即能够适应合作目标和外部环境的变化[6]。

关于情境双元性的前因，前人研究主要关注组织内的相关因素，如绩效管理[7]和 IT 使用[5]等，缺乏对组织间合作商务管理因素的考虑。在合作电子商务的背景下，焦点企业需要构建一种企业间商务管理机制（即企业间情境），同时追求企业间整合性和适应性[7]。焦点企业能够通过企业间 IT 治理（即通过企业间电子商务合作活动相关管理机制的建设，保障 IT 投资预期的实现并规避潜在的 IT 风险[8]）的构建，有效地管理基于数字化平台的合作商务活动，进而保障企业间电子商务情境双元性。企业间 IT 治理的构建使得员工能够在整合性和适应性这两个需求中进行权衡，而不需要像结构双元性那样强调组织的结构调整，分离出关注不同任务的组织结构或业务单元来管理组织内看似矛盾的活动[9]。

因此，基于情境双元理论[10]，本章在合作电子商务背景下提出了电子商务双元能力，包括电子商务整合能力和电子商务适应能力。从合作商务管理的视角出发，本章强调通过企业间情境因素的设计（如企业间 IT 治理），同时实现焦点企业在电子商务合作活动中的整合性和适应性。焦点企业通过这种电子商务双元能力的构建能够同时实现企业的短期和长期利益。本章具体包括如下三个研究问题：①电子商务双元能力如何影响企业绩效（包括流程绩效（process performance，PP）和竞争绩效（CP））的获取；②企业间 IT 治理如何影响电子商务双元能力的形成；③在企业间 IT 治理对企业绩效的作用过程中，合作环境动荡性是否存在正向调节作用。

7.2　相关研究评述

7.2.1　组织双元理论和合作电子商务价值创造

先前信息系统学者基于组织双元理论的研究比较有限，IS 文献主要还是从结构双元理论出发，探索不同类型的 IT 应用（IT 探索型应用和 IT 利用型应用，即 IT 双元性）对组织绩效的影响[11]。结构双元理论主张组织采用"双元结构"来同时实现看似矛盾的需求[9]，例如，企业的一些业务单元关注于利用活动（exploitation），强调对现有知识的利用[12]；而另一些业务单元致力于探索活动（exploration），强调探索新知识和变革[12]。然而结构双元理论不仅增加了构建和保持不同组织单元的成本，还需要花费大量的时间平衡这些分散机构的策略[5]。在企业间合作电子商务的背景下，结构双元理论要求在焦点企业和伙伴企业分别建立相关部门，这种跨企业部门的设立可能会受到伙伴企业的抵制，因为该过程要求伙伴企业改变某些程序、权威性和行动惯例[6]。作为对结构双元理论的突破，Gibson 和 Birkinshaw[7]提出情境双元理论，该理论认为不需要分离不同的组织结构，通过文化、过程和惯例等管理能力，可以同时实现整合性和适应性。基于情境双元理论，本章在合作电子商务背景下提出了电子商务双元能力以体现整合性和适应性。焦点企业通过电子商务双元能力的构建能够同时实现企业的长期和短期利益。例如，惠普公司（HP）和 UPS 通过电子化合作不仅能够实现短期目标，还能够通过对以往经历、资源和能力的利用来评估新的价值共创机会。

电子商务双元能力强调焦点企业同时具备利用信息技术整合现有企业间资源，并通过信息技术合作探索和挖掘新产品或新服务的能力，包括电子商务整合能力和电子商务适应能力[7]。基于情境双元理论，电子商务整合能力和电子商务适应能力是企业所需具备的企业间情境双元性，体现焦点企业的整合性和适应性[7]。其中，电子商务整合能力是指企业通过电子化协作方式，提升企业之间业务流程对接和信息分享的能力。雀巢与家乐福实施的供应商管理存货计划就是典型的整合能力。电子商务适应能力是指焦点企业能够适应顾客需求并与合作伙伴应对市场变化的能力。宝洁和沃尔玛在实施合作计划、预测和补货方案的基础上，将合作从物流领域延伸到需求管理和生产研发等方面，就属于典型的适应性或柔性能力[13]。焦点企业拥有电子商务双元能力，能够整合现有资源和能力，并快速适应环境，从而获取竞争优势。

当前企业间双元能力的研究并不多，尤其是电子商务双元能力的文献更为缺乏[14]。IS 研究者主要关注如何通过信息技术构建双元性组织，进而获取企业的长期竞争优势[15]。此类研究主要在供应链和 IT 外包等背景中开展[16]。在供应链背景中，有研究分析不同的 IT 使用类型（探索型和利用型）如何影响企业绩效[17]；也有研究基于情境双元理论，通过组织情境设计（包括 IT 设计和组织设计）来实现知识共享双元，从而获取关系价值的过程[6]。他们还从组织间信息系统使用的视角来研究组织间情境双元的前因[5]。在 IT 外包背景中，研究主要关注通过平衡关系治理和正式治理来开展 IT 外包服务[18]，以及二者对系统开发双元性的影响机制[19]。近年来，Gregory 等[20]总结了 IT 转型项目中存在的六大悖论和双元性。Lee

等[21]基于能力构建的过程,分析在动荡环境下,IT 双元性影响运作双元性,从而影响企业敏捷的作用过程。Mithas 和 Rust[14]则发现了双元性 IT 战略(即同时增加收益和降低成本)有利于企业绩效的获取。

综上所述,以往 IS 研究侧重于用结构双元理论分析 IT 双元性的价值驱动过程,对于 IT 双元性的前因涉及得比较少。虽然文献[6]基于情境双元理论,研究了组织间信息系统的使用对情境双元性的影响,但是缺乏从合作商务管理的视角分析,仍然无法很好地解释在 IT 和商务日益融合的背景下电子商务双元能力的形成与价值驱动过程。因此,本章将从合作商务管理的视角出发,通过构建企业间 IT 治理机制(正式治理和关系治理)来保障电子商务双元能力的形成与作用。

7.2.2　企业间电子商务情境因素

以往文献对 IT 双元性前因研究比较少,尤其在 IS 领域[21]。Im 和 Rai[5]将情境双元理论引入 IS 领域,针对构建双元性组织间关系的问题,将组织间信息系统的利用(如运作支持系统、解释支持系统的使用等)视为组织间关系情境双元的重要情境因素。合作电子商务活动已经不仅仅依赖于 IT 的使能作用,更加注重对电子供应链、平台上商务活动的管理和控制。因此,本章的企业间电子商务情境因素主要从合作商务管理视角分析电子商务双元性的前因。在企业间电子商务合作背景下,本章提出的企业间 IT 治理将保障双方合作商务活动并实现企业间电子商务的双元性[22]。IT 治理是为了保障 IT 投资预期的实现并规避潜在的 IT 风险[23]。然而,随着日益形成的企业间生态系统,IT 治理已经不仅仅局限在企业内部,而开始渐渐对组织间商务运作产生影响[24]。企业间治理则认为治理在企业间协调中起到了至关重要的作用,通常包括了契约治理(强调契约和合同)[25]和关系治理(注重非正式的社会化准则)[26]两种方式。先前关于 IT 治理的研究主要包括两类[27],一类主要基于交易成本经济学[28],研究 IT 治理集权和分权对企业绩效的作用[29]。例如,Tiwana 和 Kim[27]研究企业不同的 IT 治理选择(包括 app 分权和 IT 基础设施集权)和部门外围知识如何共同影响 IT 战略敏捷性。另一类研究则主要从代理理论出发[30],研究 IT 外包背景下,如何使用 IT 治理的正式控制和关系控制实现焦点企业利润的最大化[31]。例如,Tiwana[19]提出了正式控制和关系控制的互补与替代机制会影响到系统开发的双元性。

关于组织情境双元的前因,Gibson 和 Birkinshaw[7]认为组织情境因素由纪律、扩展、支持和信任这四种行为属性构成。这四类属性形成了组织情境的绩效管理和社会支持两个维度,将影响员工的创造力、合作能力和学习能力,从而形成组织内的情境双元性。本章将情境双元理论引入合作电子商务的背景中，提出将企业间 IT 治理（包括正式治理和关系治理）作为情境因素，保障双方电子商务合作活动并实现 IT 应用的双元性。其中，正式治理指焦点企业采用正式的结构和协调方式来组织企业日常商务活动；关系治理则是焦点企业通过围绕一个共同目标而发展起来的网络关系和成员依赖性。正式治理是一种硬性要素，类似于以纪律和扩展属性施加双方达成目标的压力；关系治理是一种软性要素，类似于支持和信任属性保障双元目标的形成。因此，正式治理和关系治理将保障电子商务双元能力的构建。

7.2.3　环境动荡性

组织双元性的相关研究认为环境的复杂性和动荡性将会影响到企业绩效的表现。Simsek[32]就主张环境的复杂性和动荡性在组织双元性的形成和作用的过程中存在一种正向调节作用，即环境越复杂和动荡，企业间因素（中心度和节点密度）等就越有利于组织双元性的形成，而组织双元性也就越能帮助企业获取价值。在合作电子商务的背景中，合作环境动荡性（包括产品或服务的高个性化和高增长性等[33]）也会影响到两种治理对企业绩效的作用过程。例如，Rai 和 Tang[34]发现了企业间流程柔性与流程整合性、互补性对竞争绩效的作用在动荡环境中更加显著。

本章的研究模型主要基于情境双元理论。该理论认为情境因素（包括硬性和软性两种情境，如绩效管理、信任和支持等）能够培养企业员工的双元性思维，以平衡组织的适应性和整合性（即情境双元性），从而对企业绩效产生正向作用[7]。本章将情境双元理论引入企业间电子商务合作背景中，研究模型描述了在合作电子商务背景下，通过企业间情境因素的构建（包括正式治理和关系治理），实现组织间电子商务情境双元性（即电子商务整合能力和电子商务适应能力），从而获取电子商务价值的过程。此外，环境的复杂和动荡性将会调节影响组织双元性和组织绩效的关系[32]，本章通过引入合作环境因素，进一步考察企业间电子商务双元能力在不同环境态势下的形成机制和价值产生机制。研究模型见图 7.1。

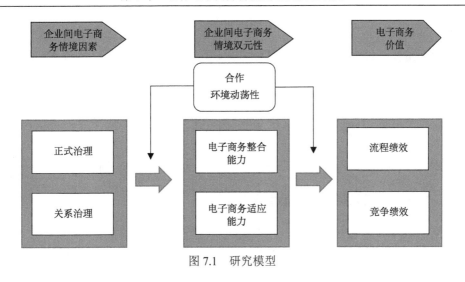

图 7.1　研究模型

7.3　理论分析和假设提出

7.3.1　企业间 IT 治理和电子商务双元能力

企业间 IT 治理是焦点企业通过正式治理和关系治理来保障双方合作活动以实现 IT 应用的双元性，是重要的企业间电子商务情境因素[7]。正式治理和关系治理分别代表了焦点企业保障情境双元性的硬性与软性要素。Tiwana[19]认为，在 IT 外包背景下，整合正式控制和关系控制的过程控制机制，将促进项目目标的实现并提升项目开发的柔性，即系统开发的双元性。Im 和 Rai[5]发现了焦点企业与伙伴的决策相互依赖性是组织间关系情境双元的关键驱动要素。因此，企业间 IT 治理能够解释电子商务双元能力的形成。但是，本章认为正式治理和关系治理对于电子商务整合能力与电子商务适应能力的作用是存在差异的。

首先，正式治理作为组织的硬性要素，主要通过正式的结构和协调方式来保障企业间双元性。电子商务整合能力作为情境双元性之一，是焦点企业利用现有运营能力以实现企业间电子商务业务流程的整合性。焦点企业通过合同和规章等方式能够保障企业充分地利用现有企业间资源和能力，规避合作风险和伙伴的投机主义行为，从而促进焦点企业实现电子商务业务流程的整合。Cao 等[18]认为契约治理能够帮助焦点企业提升外包关系的运作效率。因此，我们提出如下假设。

H7.1：相比关系治理，正式治理更利于形成电子商务整合能力。

其次，关系治理作为组织的软性要素，通过非正式的和社会化准则（如信任和支持）来保障企业间双元性。电子商务适应能力是指焦点企业能有效地适应变化的环境需求从而获取持续性竞争优势。关系治理这种软性要素的构建会增加焦点企业的整体柔性，并降低由采用合同等正式治理方式引起的交易成本和程序刚性，使企业更加适应于动荡的企业合作环境并激发协同效应。最新研究也发现了焦点企业和伙伴决策的相互依赖性是实现组织间关系情境双元性的重要前因[5]。另外还有文献认为关系治理能促进企业对变化的商务需求的适应[18]。因此，我们提出如下假设。

H7.2：相比正式治理，关系治理更利于形成电子商务适应能力。

7.3.2　电子商务双元能力和企业绩效

本章认为电子商务双元能力对企业绩效的影响包括两个方面。

一方面，电子商务整合能力能够促进企业间高效率协作，并使企业能够充分地利用现有组织的相关资源和能力。这种整合能力的影响主要体现在流程和运作等短期绩效上，如提高企业的生产率、资金利用率和库存周转率等[17]。例如，焦点企业和供应链伙伴的业务流程整合能够增强供应链的整体运作效率。海尔集团在生产流程中与供应商实行零距离接触，提高了供应链的整体反应速度并减少了物流费用。也有研究发现利用型企业间电子合作对运作利益（如降低运作成本和实现准时交付）具有显著的正向影响[13]。因此，我们提出如下假设。

H7.3：电子商务整合能力正向影响企业绩效。

另一方面，电子商务适应能力能够帮助企业较好地适应未来市场的需求和机遇，从而使得焦点企业保持长期的竞争优势。因此，为了保持长期的竞争优势，焦点企业需要通过形成电子商务适应能力以应对动荡的市场竞争。通过电子商务适应能力，企业能够更加灵活地利用合作关系，增强对市场机遇的识别和利用，并与伙伴共同开发新产品或提供新服务。同样有研究认为探索型电子合作会正向影响战略利益[13]。因此，我们提出如下假设。

H7.4：电子商务适应能力正向影响企业绩效。

7.3.3　合作环境动荡性的调节作用

合作环境动荡性体现在企业外部合作环境的不确定性和不可预测性，包括产品或服务的高个性化和高增长性[33]。这种环境促进了产品和服务的更新并加速了企业的优胜劣汰[35]。企业间电子商务双元能力为企业在高个性化和高增长性的市场竞争环境下，获取长期竞争优势提供了保障[32]。在相对稳定的商务环境中，企业只需要实现对现有商务流程整合就能够保证短期会计利润的获取。然而在高个性化和高增长性合作环境中，焦点企业需要同时实现整合和适应，即增强企业对现有商务流程整合并促进对市场环境和顾客需求的适应,这样才能保持企业长期的竞争优势。Lee 等[21]发现 IT 双元性在高度动荡的环境下作用效果更强。因此,在高度环境动荡背景下,电子商务双元能力可更多地提高企业绩效,因此,我们提出如下假设。

H7.5a:合作环境动荡性正向调节电子商务整合能力和企业绩效的关系。

H7.5b:合作环境动荡性正向调节电子商务适应能力和企业绩效的关系。

进一步,合作环境动荡性也可能会影响到正式治理和关系治理对电子商务双元能力的作用。有研究主张环境越复杂和动荡,企业间因素(中心度和节点密度)等就越有利于组织双元性的形成[32]。当环境高度动荡时,企业有很大的内在动机来构建正式治理和关系治理,进一步形成电子商务双元能力,即电子商务整合能力和电子商务适应能力。企业也只有通过积极构建企业间 IT 治理,才能快速形成电子商务双元能力,进而对动荡的外部环境进行有效的反应,并满足高个性化和高增长性的顾客需求。因此,在高度环境动荡背景下,正式治理和关系治理更有利于形成电子商务双元能力。基于此,我们提出如下假设。

H7.6a:合作环境动荡性正向调节两种治理(正式治理和关系治理)和电子商务整合能力的关系。

H7.6b:合作环境动荡性正向调节两种治理(正式治理和关系治理)和电子商务适应能力的关系。

7.4　研 究 设 计

7.4.1　量表开发

研究模型中共包含 7 个一阶变量,因变量企业绩效是由两个一阶变量反映的二阶变量。为了确保量表的效度和信度,主要变量的测量尽可能参考国内外的成熟量表,同时考虑我国企业合作电子商务的实践。研究采用利克特七点量表,让被试者对题目描述的同意程度从 1~7 进行评价(1 表示"非常不同意",7 表示"非常同意")。由于部分题项最初是英文的,按照翻译和回译的程序,由本专业的 2 名博士研究生将英文题项翻译为中文,再找 3 名硕士研究生将题项回译成英文,通过对比确保了问卷翻译的准确性。由于电子商务整合能力(EIC)、电子商务适应能力(EAC)和合作环境动荡性(ET)是改编自前人研究并结合合作电子商务情景进行修改的,本章采用德尔菲法对初步设计的题项进行 3 轮迭代,最终确定了电子商务整合能力和适应能力的 8 个指标,以及合作环境动荡性的 2 个指标。

电子商务整合能力改编自 Patnayakuni 等[36]和 Saraf 等[37]的研究,主要从伙伴浏览、伙伴查询、及时跟踪和管理决策四个指标来测量;电子商务适应能力则改编自 Rai 和 Tang[34]与 Tallon 和 Pinsonneault[38]的研究，分别从发现市场、选择伙伴、应对需求和应对竞争四个指标进行测量；合作环境动荡性改编自 Rosenzweig[33]与 Rai 和 Tang[34]的研究，采用个性化高和需求增长两个指标。正式治理（FG）主要参考 Hoetker 和 Mellewigt[39]的研究，并采用四个指标测量；关系治理（RG）则基于 Wang 和 Wei[40]的研究，采用彼此承诺、决策合作、维持合作和商议解决四个指标测量。

企业绩效的测量主要包括两个一阶变量（流程绩效（PP）和竞争绩效（CP）），分别反映企业的短期和长期绩效表现。其中，流程绩效在参考 Klein 和 Rai[41]的基础上，设计了 3 个题项，并测量了企业在业务流程上的绩效改善情况；竞争绩效则主要参考 Rai 和 Tang[34]的相关研究，共采用市场占有、盈利能力和销售增长三个指标测量了企业的竞争绩效。本章中一阶概念和二阶概念均被视为反映型概念。

为了保证研究模型的解释力，我们将企业规模和企业类型两个可能对因变量产生影响的企业特征作为控制变量。其中，企业规模采用企业员工人数并进行对数计算后的结果；企业类型采用定类变量表征，具体类型见表 7.1。

表 7.1　样本特征（$N = 205$）

特征		企业个数	百分比/%
区域	华北地区	27	13.171
	华东地区	47	22.927
	华南地区	43	20.976
	华中地区	80	39.024
	其他地区	8	3.902
员工人数	100 人及以下	51	24.878
	101～500 人	55	26.829
	501～1000 人	52	25.367
	>1000 人	47	22.927
行业类型	机械产品制造	38	18.537
	电子设备制造	31	15.122
	信息服务/软件	26	12.683
	批发零售业	20	9.756
	咨询/教育/旅游	14	6.829
	金融/物流	19	9.268
	食品加工/烟草	15	7.317
	医药/化工	15	7.317
	纺织/皮毛制造	13	6.341
	其他	14	6.829

7.4.2　调查方法与样本特征

本章采用问卷调查和访谈等方式完成基础数据的收集。通过对武汉市的神龙汽车有限公司等 10 余家企业 IT 或商务主管和高层经理的实地访谈，根据调查反馈，针对企业间电子商务运作的实际状况，修改了问卷测量相关指标，并得到了最终的调查量表。

在相关行业机构（电子商务协会）和政府部门（武汉市经济和信息化委员会）的配合下，主要采用网络和面谈两种方式，于 2011 年 3～9 月向全国信息化程度较高的企业发放问卷 700 份。我们采用配额抽样方法确定被调查企业名单：每家企业将发放一份问卷。问卷均要求企业信息化或电子商务部门或商务部门等中高层管理者填写。在经过电话和邮件等方式督促的情况下，我们在一个多月内共回收问卷 213 份，回收率为 30.43%，同国际主流 IS 期刊论文报告的水平基本一致。由于问卷填写缺失和较多相同回答等问题，共删除 8 份问卷。共得到有效问卷 205 份，有效率为 96.244%。样本特征和问卷题项分别见表 7.1 和表 7.2。

表 7.2　信度和效度

变量	题项	因子负载	Cronbach's α 系数	组成信度（CR）	平均萃取方差
流程绩效（PP）	提高了订单执行的准确性（PP1）	0.926	0.911	0.944	0.851
	缩短了企业的订单完成周期（PP2）	0.901			
	增强了企业销售管理的灵活性（PP3）	0.938			
竞争绩效（CP）	比竞争者拥有更高的市场占有率（CP1）	0.948	0.941	0.964	0.902
	比竞争者具有更高的盈利能力（CP2）	0.956			
	比竞争者具有更高的销售增长率（CP3）	0.943			
正式治理（FG）	制定了企业间电子商务系统的应用方案（FG1）	0.817	0.834	0.890	0.671
	建立了有效的合作机制（FG2）	0.715			
	双方的合作事项通过合同条款予以体现（FG3）	0.880			
	与伙伴达成协议，共同应对市场竞争的不确定性（FG4）	0.843			
关系治理（RG）	合作双方彼此相信对方的承诺（RG1）	0.932	0.934	0.952	0.832
	相关决策有利于双方的长期合作关系（RG2）	0.887			
	愿意维持和发展互信的合作关系（RG3）	0.911			
	愿意共同商议并联合解决冲突（RG4）	0.916			

续表

变量	题项	因子负载	Cronbach's α 系数	组成信度（CR）	平均萃取方差
电子商务整合能力（EIC）	与伙伴在线共享不断更新的产品或服务信息（EIC1）	0.918	0.924	0.944	0.813
	提供交易信息和状态的在线查询等功能，支持伙伴在线查询（EIC2）	0.891			
	在线共享产品交付信息，支持伙伴跟踪和提供后续服务（EIC3）	0.924			
	在线共享市场信息支持管理决策（EIC4）	0.859			
电子商务适应能力（EAC）	企业更快地发现市场机遇与威胁（EAC1）	0.876	0.932	0.954	0.824
	企业能够灵活快速地选择合作伙伴（EAC2）	0.911			
	与合作伙伴灵活快速地共同应对客户需求变化（EAC3）	0.925			
	与合作伙伴灵活快速地共同应对市场竞争变化（EAC4）	0.907			
合作环境动荡性（ET）	企业的产品（或服务）个性化程度很高（ET1）	0.837	0.724	0.871	0.781
	企业的产品（或服务）在市场上的需求增长率很高（ET2）	0.923			

注：所有因子负载均在 0.001 水平显著。

7.4.3　无响应偏差和共同方法偏差

　　本章采用比较前期和后期被调查企业问卷的方法来检验本章的样本是否存在无响应偏差。该方法认为后续回收的样本和无响应样本相似，因此使用先前回收样本和后续样本进行比较。统计结果显示两组样本在企业规模、企业性质等方面不存在统计学上的显著性差异（$p > 0.1$）。因此响应偏差在本章中不存在。

　　由于本章采用的是单一来源的问卷数据，我们分别采用标签变量和方法因子两种方法进行检验。首先，遵循标签变量方法的步骤，根据相关系数矩阵，选择系数最低的一项（企业规模和合作环境动荡性的相关系数为–0.001）计算每个变量的偏相关系数，并进行 t 检验。结果显示，与相关系数相比，模型变量的偏相关系数均没有发生显著变化，表明共同方法偏差影响不大。其次，引入一个方法因子，其指标是模型中所有构念的指标集合，比较每个指标被其相关构念和方法因子解释的方差，并计算每个测量指标在其相关构念和方法因子上的因子负载。我们发现，相关构念对测量指标的平均解释方差为 0.815，而方法因子对测量指标的平均解释方差为 0.041，并且在方法因子上的负载都不显著。综上分析，本章不存在显著的方法偏差。

7.5　数　据　结　果

本章采用基于偏最小二乘分析（PLS）技术的 Smart PLS 2.0 软件进行分析。采用该方法主要基于以下两点考虑。首先，PLS 对样本规模和分布具有较低的要求，根据样本量 10 倍于输入路径的准则，本章的样本量符合此要求。其次，模型中存在调节变量和控制变量等，PLS 能比较好地处理这种复杂模型。

7.5.1　测量模型

研究首先检验企业绩效测量模型的结构，信度和效度如表 7.2 所示，两个一阶因子（流程绩效和竞争绩效）的 Cronbach's α 系数、组成信度（CR）和平均萃取方差均达到较高的水平，因此两个一阶因子都具有良好的信度和聚合效度，符合反映型构念（reflective）的特征。接着，通过 VIF 来计算每个因子测量指标间的多重共线性。结果见表 7.3，所有指标的 VIF 值大于 3.3，表明这些指标间存在多重共线性，是反映型构念的特征。另外，如表 7.3 所示，我们还计算了两个一阶因子间的相关系数，分布在 0.5～0.8，表明了这两个因子测量的是同一种内容。因此，企业绩效被操作为反映型构念更合适。

表 7.3　企业绩效两个一阶因子的 VIF 和相关系数

构念	VIF	PP1	PP2	PP3	CP1	CP2	CP3
PP1	3.604	1					
PP2	3.720	0.839***	1				
PP3	3.439	0.821***	0.845***	1			
CP1	4.297	0.578***	0.522***	0.574***	1		
CP2	5.363	0.640***	0.619***	0.600***	0.722***	1	
CP3	4.265	0.618***	0.522***	0.558***	0.703***	0.785***	1

注：***表示 $p < 0.001$；VIF 为方差膨胀系数。

本章通过探索性因子分析对测量模型进行检验。经过分析，最终 KMO 统计量为 0.909，并在 0.001 显著性水平下通过检验，经过方差最大化旋转后，共提取出 6 个因子，解释了 78.781%的方差。其中，竞争绩效和流程绩效被分入同一因子，这也间接验证了企业绩效这个二阶构念被视为反映型构念比较恰当。因子分析中的各个指标在其对应因子上的负载远大于在其他因子上的负载，因此各指标有效地反映了其测量的因子，确保了本章量表的效度，结果见表 7.4。

表 7.4　因子分析结果

构念	指标	RG	EIC	FG	EAC	FP	ET
关系治理 （RG）	RG1	*0.866*	0.129	0.151	0.104	0.171	0.104
	RG2	*0.864*	0.062	0.182	0.222	0.165	0.089
	RG3	*0.842*	0.153	0.174	0.136	0.144	0.199
	RG4	*0.828*	0.118	0.169	0.154	0.157	0.081
电子商务 整合能力 （EIC）	EIC2	0.140	*0.857*	0.158	0.169	0.189	0.116
	EIC4	0.221	*0.833*	0.169	0.230	0.176	0.066
	EIC1	0.082	*0.817*	0.211	0.174	0.180	0.158
	EIC3	0.055	*0.749*	0.244	0.248	0.102	0.027
正式治理 （FG）	FG1	0.064	0.123	*0.742*	0.238	0.030	0.055
	FG2	0.148	0.243	*0.712*	0.234	0.252	0.023
	FG3	0.234	0.128	*0.691*	0.075	0.094	0.109
	FG4	0.265	0.113	*0.690*	0.167	0.228	−0.044
电子商务 适应能力 （EAC）	EAC2	0.162	0.108	0.233	*0.855*	0.233	0.032
	EAC3	0.207	0.165	0.222	*0.841*	0.209	0.051
	EAC1	0.119	0.180	0.193	*0.839*	0.177	0.140
	EAC4	0.105	0.159	0.163	*0.812*	0.185	0.155
企业绩效（FP）	PP1	0.185	0.194	0.188	0.183	*0.885*	0.131
	PP3	0.197	0.215	0.161	0.029	*0.831*	0.155
	CP3	0.274	0.213	0.150	0.240	*0.803*	0.009
	CP2	0.121	0.169	0.220	0.211	*0.801*	0.106
	PP2	0.245	0.222	0.204	0.249	*0.800*	0.099
	CP1	0.238	0.146	0.087	0.158	*0.756*	0.021
环境动荡性 （ET）	ET1	0.048	0.049	−0.028	0.145	0.044	*0.793*
	ET2	0.132	0.140	0.270	0.166	0.371	*0.601*

注：采用正交旋转；负载 0.5 以上斜体加粗。

验证性因子分析主要包括测量模型的信度、聚合效度和区分效度检验。所有构念的 Cronbach's α 值和 CR 值都大于 0.724，因子负载都大于 0.715，并达到显著性水平，因此本章的测量模型具有良好的信度。此外，各因子的平均萃取方差（AVE）都高于 0.600，表明测量模型具有较好的聚合效度，结果见表 7.2。最后，如表 7.5 所示，所有变量 AVE 的平方根（对角线斜体加粗）均远大于构念与其他构念的相关系数，表明本章测量模型有较好的区分效度。

表 7.5 相关系数和 AVE 平方根

构念	FG	RG	EIC	EAC	PP	CP	ET	SIZE	TYPE
FG	*0.818*								
RG	0.464***	*0.911*							
EIC	0.548***	0.374**	*0.900*						
EAC	0.521***	0.459**	0.589***	*0.910*					
PP	0.557***	0.484**	0.502**	0.559***	*0.922*				
CP	0.637***	0.472**	0.459**	0.506	0.648***	*0.949*			
ET	0.249**	0.333**	0.282*	0.363*	0.268*	0.491***	*0.883*		
SIZE	0.136*	0.033	0.061	0.009	0.085	0.091	−0.001	NA	
TYPE	0.119*	0.052	0.109	0.089	0.201*	0.130	−0.022	−0.116	NA

注：***表示 $p < 0.001$，**表示 $p < 0.01$，*表示 $p < 0.05$；斜体加粗处为 AVE 的平方根；NA 表示控制变量不用计算；SIZE 表示企业规模；TYPE 表示企业行业类型。

最后，本章的两个一阶财务构念（流程绩效和竞争绩效）均通过自报告量表的形式获取。为了验证该构念测量的效度，本章将进一步对比自报告财务数据和客观财务数据结果[42]。①从 Oriana 亚太公司财务数据库和上市公司财务数据库中识别出与本章被试企业匹配的名单，一共有 26 家企业。②收集了这 26 家企业在问卷收集年份（t 年）及下一年份（$t+1$ 年）有关净资产收益率（ROE）和销售净利润（NPM）的数据。③对于主观流程绩效，本章将其与客观财务数据（ROE 和 NPM）进行相关分析，发现流程数据和资产收益率（平均相关系数 $r = 0.141$），以及销售净利润（平均相关系数 $r = 0.172$）均在 0.05 显著水平上达到了相关性。针对主观测量的竞争性绩效，本章分别计算 ROE 和 NPM 的同行比率（ROE 同行比率=（企业 ROE–行业平均 ROE）/行业平均 ROE；NPM 同行比率=（企业 NPM–行业平均 NPM）/行业平均 NPM），并将竞争性绩效与 ROE 和 NPM 的同行比率进行相关分析，发现竞争绩效和 ROE 同行比率（平均相关系数 $r = 0.125$）与 NPM 同行比率（平均相关系数 $r = 0.212$）也达到了 0.05 显著水平上的相关性。因此，这种主观和客观财务数据的显著相关关系表明了财务绩效构念具有较高的效度。

7.5.2 偏最小二乘结构模型

PLS 结构模型的检验包括估计路径系数和 R^2 值。本章采用自助法（bootstrapping, N=3000）估计各路径系数的显著性。结构模型检验结果的路径系数和 R^2 值如图 7.2 所示。三个内生变量：企业绩效、电子商务整合能力和电子商务适应能力被解释的方差分别是 0.462、0.521 和 0.422。两个控制变量（企业规模和企业类型）对因变量的影响均不显著。

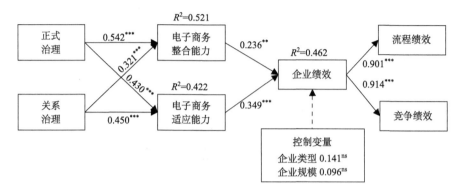

图 7.2 结构模型分析结果

***表示 $p<0.001$；**表示 $p<0.01$；ns 为不显著

基于 Smart PLS M2.0 的计算结果表明，除了 H7.5a，其余 7 个假设在 0.001 显著性水平下都成立，见图 7.2 和表 7.6。其中，正式治理显著地正向影响电子商务整合能力，关系治理也显著地正向影响电子商务整合能力，但正式治理的回归系数要大于关系治理的回归系数（0.542＞0.430），验证了 H7.1；关系治理显著地正向影响电子商务适应能力，正式治理显著地正向影响电子商务适应能力，但关系治理的回归系数要大于正式治理的回归系数（0.450＞0.321），验证了 H7.2；电子商务整合能力和电子商务适应能力均显著地正向影响企业绩效，H7.3 和 H7.4 得到了支持；合作环境动荡性显著地正向调节电子商务适应能力和企业绩效的关系，而对电子商务整合能力和企业绩效的关系没有显著的调节作用，验证了 H7.5b，而 H7.5a 未获得支持；合作环境动荡性显著地正向调节正式治理和关系治理与电子商务整合能力和电子商务适应能力之间的关系，验证了 H7.6a 和 H7.6b。最后，企业绩效在两个一阶变量上的负载均在 0.9 以上，表明这两个一阶构念可以充分地体现企业绩效水平。

表 7.6 调节作用检验

调节作用	电子商务整合能力	电子商务适应能力	企业绩效
正式治理×合作环境动荡性	0.133**	0.093*	
关系治理×合作环境动荡性	0.123*	0.234**	
电子商务整合能力×合作环境动荡性			0.110ns
电子商务适应能力×合作环境动荡性			0.143**
F(sig.)	41.231***/35.247***	3.384**/45.254***	33.584***

注：***表示 $p<0.001$；**表示 $p<0.01$；*表示 $p<0.05$；ns 为不显著；本表省略了自变量的系数（结果见图 7.2）。

在 Smart PLS 2.0 中是利用乘积变量与因变量的路径系数及 t 值判断调节效应是否存在，但这种方法可能导致欺骗性的结论。本章继续采用计算 f^2 来检验调节效应的存在，并且得到 Cohen's f^2 的 F 统计值，结果见表 7.6。除了 H7.5a，合作环境动荡性的调节作用均得到了验证。此外，我们计算所有因变量 Q^2 值，衡量模型的预测效用[43]，结果见表 7.7，所有 Q^2 值均大于 0，因此本章模型的所有因变量具有较高的预测效用。

表 7.7　模型的 Q^2 统计值

Q^2 统计值	电子商务整合能力	电子商务适应能力	企业绩效
交叉验证共性 Q^2	0.773	0.806	0.723
交叉验证冗余 Q^2	0.256	0.269	0.312

7.5.3　中介作用及模型稳健性检验

我们采用 Baron 和 Kenny 的中介检验步骤分别对电子商务整合能力和电子商务适应能力的中介效应进行了检验（由于正式治理和关系治理对电子商务整合能力与电子商务适应能力存在影响的强弱差异，本节的中介作用检验将主要聚焦在 "正式治理-电子商务整合能力-企业绩效" 和 "正式治理-电子商务适应能力-企业绩效" 两条中介路径上）。本部分的主要检验包括以下几部分。

（1）关于电子商务整合能力的中介效应检验。首先，不考虑电子商务整合能力（中介变量），结果显示正式治理显著正向影响企业绩效。其次，发现正式治理显著地影响电子商务整合能力。再次，研究显示电子商务整合能力显著正向影响企业绩效。最后，纳入电子商务整合能力，数据结果显示正式治理对企业绩效的作用减小，但仍是显著正向的。因此，电子商务整合能力在正式治理和企业绩效之间起到了部分中介的作用。

（2）关于电子商务适应能力的中介效应检验。首先，不考虑电子商务适应能力（中介变量），结果显示关系治理显著正向影响企业绩效。其次，发现关系治理显著正向影响电子商务适应能力。再次，结果显示电子商务适应能力显著正向影响企业绩效。最后，纳入电子商务适应能力，数据表明关系治理对企业绩效的效用减小，但仍是显著正向的。因此，电子商务适应能力也起到了部分中介的作用。

接着，我们还采用 Sobel 标准误差检验来进一步验证这两个中介关系，如表 7.8 所示，电子商务整合能力和电子商务适应能力的中介作用显著（$p < 0.001$）。

这种中介作用也被 VAF 值进一步证实。研究结果证明了电子商务整合能力和电子商务适应能力的部分中介作用均是显著的。

表7.8　中介效应检验

	Baron 和 Kenny 检验				Sobel 检验 中介检验	VAF 值 中介效用
电子商务整合能 力的中介效应	步骤 1 企业绩效	步骤 2 电子商务整合 能力	步骤 3 企业绩效	步骤 4 企业绩效		
正式治理	0.663*** *0.038*	0.551*** *0.065*		0.531*** *0.039*	6.15***	0.245 部分中介
电子商务 整合能力			0.529*** *0.060*	0.240*** *0.074*		
电子商务适应能 力的中介效应	步骤 1 企业绩效	步骤 2 电子商务适应 能力	步骤 3 企业绩效	步骤 4 企业绩效		
关系治理	0.461*** *0.064*	0.527*** *0.052*		0.327*** *0.069*	5.71***	0.381 部分中介
电子商务 适应能力			0.586*** *0.052*	0.436*** *0.072*		

注：　***表示 $p < 0.001$；VAF > 80%为完全中介；20%≤VAF≤80%为部分中介；斜体为标准误差。

　　最后，本章为了发现双元治理对双元能力的差异化影响，没有采用前人对组织双元性的另一种构造方法（即通过整合性和适应性交叉相乘构造）[7]。为了保证研究模型的稳健性，根据前人的计算方法[21]，我们进一步构造了电子商务双元能力，并采用 Smart PLS 2.0 对新模型进行计算。数据结果显示回归系数和图 7.2、表 7.6 基本一致并未产生显著性变化，见图 7.3。因此，本章模型结果具有较高的稳健性。

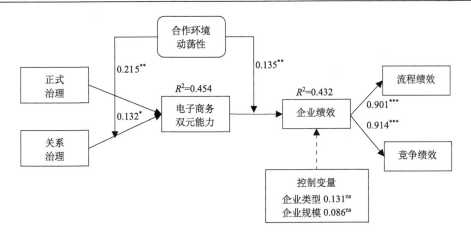

图 7.3　进一步分析结果

***表示 $p < 0.001$；**表示 $p < 0.01$；*表示 $p < 0.05$；ns 不显著

7.6　研究结论与讨论

7.6.1　主要发现

先前研究企业间 IT 双元性的文献主要基于供应链或 IT 外包背景的结构双元性[11]，缺乏从情境双元理论考虑组织双元性的形成。本章基于情境双元理论，从合作商务管理的视角探究了焦点企业的 IT 治理（包括正式治理和关系治理）对于电子商务双元能力的形成作用，并分析了在合作动荡环境下电子商务双元能力的形成机制和价值产生机制。研究发现体现在如下四个方面。

第一，正式治理和关系治理正向影响电子商务双元能力。其中，相比关系治理，正式治理更利于形成电子商务整合能力；相比正式治理，关系治理更利于形成电子商务适应能力。正式治理作为类似于纪律和扩展的企业硬性要素，主要影响电子商务整合能力的形成；而关系治理作为类似于支持和信任的企业软性要素，主要影响电子商务适应能力的形成。前人关于正式治理和关系治理的研究并未区分两者对电子商务双元能力的差异化作用，而突出两者之间的替代或互补机制[19]。因此，本章进一步丰富治理机制的相关研究。

第二，电子商务双元能力正向影响企业绩效。研究发现了电子商务整合能力和电子商务适应能力均正向影响企业绩效。本章中的企业绩效是采用流程绩效和竞争绩效测量的二阶构念，综合衡量了企业的短期和长期利益。该发现表明了电子商务情境双元能力同时兼顾并影响短期和长期组织利益，这类企业具备包容和平衡矛盾的能力。而当前文献虽然认识到双元能力具备兼顾短期和长期绩效的特点，但是缺乏相关实证验证[32]。本章通过二阶构念的方式综合衡量了企业长期和短期绩效，深入研究双元能力和企业绩效之间的复杂作用关系。

第三，合作环境动荡性正向调节企业间 IT 治理和电子商务双元能力的关系。该结果表明合作环境动荡将更加有利于发挥正式治理和关系治理对电子商务双元能力的影响机制。当前研究虽然认为环境动荡性在组织双元形成中的作用[32]，但是缺乏在合作环境中对于正式治理和关系治理应用条件的研究，当前文献主要从制度环境和双方合作时间等方面考虑[18]。本章进一步提出了合作环境动荡性在企业间 IT 治理和电子商务双元能力之间的权变作用。

第四，合作环境动荡性正向调节电子商务适应能力和企业绩效的关系，但是企业合作环境动荡性在电子商务整合能力和企业绩效之间的调节作用不显著。前人曾提出环境的动荡和复杂度会调节组织双元性和组织绩效的关系，认为在高度动荡和复杂的环境下，组织双元性更易于产生企业绩效[32]。本章进一步证实了合作环境动荡性的调节作用存在于电子商务适应能力和企业绩效之间，但在电子商务整合能力和企业绩效之间的合作环境动荡性调节作用没有得到支持。我们给出的解释是，在动荡环境下电子商务适应能力更能发挥其作用，因为电子商务适应能力能够对外部不确定进行及时的反应；而在动荡环境下企业采用常规的战略制定过程可能就会难以适应高度动荡的外部环境，进而影响了电子商务价值的实现。

7.6.2　理论贡献与实践启示

研究的理论贡献表现在如下两个方面。

（1）本章将在组织内应用的情境双元理论引入企业间电子商务背景中，并探讨企业间 IT 治理对电子商务双元能力的影响。以往研究主要基于结构双元理论分析 IT 双元性对组织双元性和价值的作用，少有研究关注形成这种 IT 双元性的情境因素[11]。虽然 Im 和 Rai[5]将情境双元理论引入信息系统研究，但是他们主要聚焦于企业间协调关系使能的情境双元性，强调的是组织间信息系统利用（即 IT 能力）的情境因素，而忽视了合作商务管理机制的构建，如有效激励和信任机制[12]。基于 Gibson 和 Birkinshaw[7]的情境双元理论，本章从合作商务管理的视角，综合考虑正式治理和关系治理等硬性与软性情境因素对电子商务双元能力的影响，有利于深入理解企业间电子商务双元能力的构建过程。

（2）先前研究将环境动荡性视为组织双元性和企业绩效的正向调节变量[32]。本章对该调节作用给出了细致的解释，即高个性化和高增长性的合作环境能够促进电子商务适应能力获取企业绩效；而在高个性化和高增长性的合作环境中电子商务整合能力和企业绩效间的调节作用不显著。因此，本章的贡献在于发现并实证验证了合作环境动荡性在电子商务双元能力对价值驱动过程中的差异化调节作用。

本章的实践启示包括两个方面。

（1）为了获取和平衡企业的短期和长期价值，企业管理者应该积极构建电子商务双元能力，即一方面通过电子化协作方式，提升企业之间业务流程对接和信息分享的能力；另一方面培养能够适应顾客需求并应对市场变化的能力。尤其是在高个性化和高增长性的动荡环境中，焦点企业应侧重培养电子商务适应能力，从而保障企业价值的获取。

（2）焦点企业构建有效的企业间 IT 治理（包括正式治理和关系治理）是实现组织间情境双元性的关键。其中，主要通过双方的协作合同或契约保障电子商务整合能力的构建；主要基于合作双方的信任和支持保障电子商务适应能力的形成。因此，由于电子商务双元能力是企业间合作背景下企业获取价值的关键，企业管理者应结合企业实际，有针对性地构建正式治理和关系治理等企业间情境因素，进而形成电子商务双元能力，并获取电子商务价值。

7.6.3 研究展望

第一，关于情境双元能力的前因，本章主要选取了两类比较典型的企业间电子商务情境因素（如正式治理和关系治理），而影响电子商务双元能力的企业间情境因素远不止这些，如企业网络的多样性和复杂性等[32]，今后在模型中加入这些企业间情境因素也许可以得到更富启发性的发现。第二，本章中的相关构念主要采用的是单一来源的调查问卷来进行测量，虽然这些构念通过了共同方法偏差的检验，而且也将部分主观财务数据和客观财务数据进行了相关分析，但仍有改进空间。后续研究可以增加上市企业样本数量，并将公开数据（如财务报表和行业竞争指数等）补充到现有模型中，进一步增强研究结论的可靠性。第三，未来也可以从企业间 IT 治理双元和电子商务双元的视角进一步研究价值的形成机制，对情境双元理论进行丰富和扩展。

参 考 文 献

[1] Zwass V. Co-creation: Toward a taxonomy and an integrated research perspective[J]. International Journal of Electronic Commerce, 2010, 15(1): 11-48.

[2] Schubert P, Legner C. B2B integration in global supply chains: An identification of technical integration scenarios[J]. Journal of Strategic Information Systems, 2011, 20(3): 250-267.

[3] Tanriverdi H, Rai A, Venkatraman N. Reframing the dominant quests of information systems strategy research for complex adaptive business systems[J]. Information Systems Research, 2010, 21(4): 822-834.

[4] Gulati R, Wohlgezogen F W, Zhelyazkov P. The two facets of collaboration: Cooperation and coordination in strategic alliances[J]. Academy of Management Annals, 2012, 6(1): 1-53.

[5] Im G, Rai A. IT-enabled coordination for ambidextrous interorganizational relationships[J]. Information Systems Research, 2014,25(1):72-92.

[6] Im G, Rai A. Knowledge sharing ambidexterity in long-term interorganizational relationships[J]. Management Science, 2008,54(7):1281-1296.

[7] Gibson C B, Birkinshaw J. The antecedents, consequences, and mediating role of organizational ambidexterity[J]. Academy of Management Journal, 2004,47(2):209-226.

[8] Weill P, Ross J W. IT Governance[M]. New York: McGraw-Hill Education, 2004:1-10.

[9] Tushman M L, O'Reilly C A. Ambidextrous organizations: Managing evolutionary and revolutionary change[J]. California Management Review, 1996, 38(4): 8-30.

[10] Raisch S, Birkinshaw J. Organizational ambidexterity: Antecedents, outcomes, and moderators [J]. Journal of Management, 2008, 34(3): 375-409.

[11] Sanders N. Pattern of information technology use: The impact on buyer-suppler coordination and performance[J]. Journal of Operations Management, 2008,26(3):349-367.

[12] Yang H, Zheng Y, Zhao X. Exploration or exploitation? Small firms' alliance strategies with large firms[J]. Strategic Management Journal, 2014, 35(1): 146-157.

[13] 梅姝娥,许军. 合作型企业间电子商务模式与价值创造研究[J]. 管理科学学报, 2013,16(5):55-68.

[14] Mithas S, Rust R T. How information technology strategy and investments influence firm performance: Conjecture and empirical evidence[J]. MIS Quarterly, 2016,40(1):223-245.

[15] 韩杨, 罗瑾琏, 钟竞. 双元领导对团队创新绩效影响研究——基于惯例视角[J]. 管理科学, 2016, 29(1): 70-85.

[16] Subramani M. How do suppliers benefit from information technology use in supply chain relationships?[J]. MIS Quarterly, 2004, 28(1):45-73.

[17] 赵付春,凌鸿. IT对组织流程双元性的影响研究——基于中国信息化500强榜单企业的面板数据分析[J]. 研究与发展管理, 2011,23(2):85-94.

[18] Cao L, Mohan K, Ramesh B, et al. Evolution of governance: Achieving ambidexterity in IT outsourcing[J]. Journal of Management Information Systems, 2013,30(3):115-140.

[19] Tiwana A. Systems development ambidexterity: Explaining the complementary and substitutive roles of formal and informal controls[J]. Journal of Management Information Systems, 2010,27(2):87-126.

[20] Gregory R W, Keil M, Muntermann J, et al. Paradoxes and the nature of ambidexterity in IT transformation programs[J]. Information Systems Research, 2015,26(1):57-80.

[21] Lee O K, Sambamurthy V, Lim K H, et al. How does IT ambidexterity impact organizational

agility?[J]. Information Systems Research, 2015,26(2):398-417.

[22] Wu S P J, Straub D W, Liang T P. How information technology governance mechanisms and strategic alignment influence organizational performance: Insights from a matched survey of business and IT managers[J]. MIS Quarterly, 2015,39(2):497-518.

[23] 池毛毛,赵晶,黄姣. EB 战略联盟和企业间合作电子商务能力:正式治理的中介作用检验[J]. 管理评论, 2015,27(12):180-191.

[24] Markus M L, Bui Q N. Going concerns: The governance of interorganizational coordination hub [J]. Journal of Management Information Systems, 2012,28(4):163-198.

[25] 刘婷,王震. 关系投入、治理机制、公平与知识转移:依赖的调节效应[J]. 管理科学, 2016, 29(4):115-124.

[26] 朱树婷,仲伟俊,梅姝娥. 企业间信息系统治理的价值创造研究[J]. 管理科学学报, 2016,19(7):60-77.

[27] Tiwana A, Kim S K. Discriminating IT governance[J]. Information Systems Research, 2015, 26(4): 656-674.

[28] Tiwana A. Evolutionary competition in platform ecosystems[J]. Information Systems Research, 2015,26(2):266-281.

[29] Tiwana A, Konsynski B. Complementarities between organizational IT architecture and governance structure[J]. Information Systems Research, 2010,21(2):288-304.

[30] Rai A, Keil M, Hornyak R, et al. Hybrid relational-contractual governance for business process outsourcing[J]. Journal of Management Information Systems, 2012,29(2):213-256.

[31] Lioliou E, Zimmermann A, Willcocks L, et al. Formal and relational governance in IT outsourcing: Substitution, complementarity and the role of the psychological contract[J]. Information Systems Journal, 2014,24(6):503-535.

[32] Simsek Z. Organizational ambidexterity: Towards a multilevel understanding[J]. Journal of Management Studies, 2009,46(4):597-624.

[33] Rosenzweig E D. A contingent view of e-collaboration and performance in manufacturing[J]. Journal of Operations Management, 2009,27(6):462-478.

[34] Rai A, Tang X. Leveraging IT capabilities and competitive process capabilities for the management of interorganizational relationship portfolios[J]. Information Systems Research, 2010,21(3):516-542.

[35] Kim Y J, Lee J M, Koo C, et al. The role of governance effectiveness in explaining IT outsourcing performance[J]. International Journal of Information Management, 2013, 33(5): 850-860.

[36] Patnayakuni R, Rai A, Seth N. Relational antecedents of information flow integration for supply chain coordination[J]. Journal of Management Information Systems, 2006,23(1):13-49.

[37] Saraf N, Langdon C S, Gosain S. IS application capabilities and relational value in interfirm partnerships[J]. Information Systems Research, 2007,18(3):320-339.

[38] Tallon P P, Pinsonneault A. Competing perspectives on the link between strategic information

technology alignment and organizational agility: Insights from a mediation model[J]. MIS Quarterly, 2011,35(2):463-486.

[39] Hoetker G, Mellewigt T. Choice and performance of governance mechanisms: Matching alliance governance to asset type[J]. Strategic Management Journal, 2009,30(10):1025-1044.

[40] Wang E T G, Wei H L. Interorganizational governance value creation: Coordinating for information visibility and flexibility in supply chains[J]. Decision Sciences, 2007,38(4):647-674.

[41] Klein R, Rai A. Interfirms strategic information flows in logistics supply chain relationships[J]. MIS Quarterly, 2009,33(4):735-762.

[42] Zhu Z, Zhao J, Tang X, et al. Leveraging e-business process for business value: A layered structure perspective[J]. Information and Management, 2015,52(6):679-691.

[43] Peng D X, Lai F. Using partial least squares in operations management research: A practical guideline and summary of past research[J]. Journal of Operations Management, 2012, 30(6): 467-480.

第 8 章　结　论

本书着眼于平台变革时代下传统企业在电子商务平台中的战略部署、能力重构与价值创造，研究并总结电子商务平台运营管理规律。通过 200 多家企业跟踪研究调查，并结合部分公开数据（如企业财务报表、市场化指数等），实证研究揭示中国传统制造和服务企业如何在电子商务平台的新环境中创造企业绩效和竞争优势的新机制。本章将对研究的主要发现、研究贡献和研究展望进行总结。

8.1　主要发现和研究贡献

1）企业电子商务平台运营战略的部署

包括两章（第 2 章和第 3 章）内容。其中，第 2 章针对 EB 战略联盟如何影响企业间电子商务合作能力的问题，研究发现：①EB 战略联盟是企业间合作电子商务能力的触发器；②正式治理是 EB 战略联盟和企业间合作电子商务能力之间的桥梁；③合作时间对正式治理和知识共享能力的关系起到正向调节作用。本章扩展了 IT-业务战略匹配的研究，同时也为企业管理者从战略和管理层面如何构建企业间合作电子商务能力提供了具体的指导建议[1,2]。第 3 章则探究数字商务战略剖面的影响机制，研究结论基本支持了组织冗余理论的主流观点，同时也界定了组织冗余理论和 IT-业务战略匹配逻辑的理论边界[3,4]，对我国企业管理者如何制定有效的数字商务战略，进而实现动态能力和即兴能力具有一定的理论意义与现实启示。

2）企业电子商务平台运营能力重构

包括两章（第 4 章和第 5 章）。其中，第 4 章针对在复杂背景下平台双元性如何实现的问题，发现了高平台双元性的两类主要构型，即：①当外部环境相对稳定时，可以通过建设平台基础设施和实施平台治理来实现平台双元性，对于大型企业而言还需强调平台应用能力的培养和建设；②在高动荡环境的情景下，平台应用能力则成为平台双元性的关键原因条件。结果表明平台技术（尤其是平台应用能力）是实现平台双元性的关键原因条件。此外，平台治理（正式治理和关系治理）和平台基础设施均为实现高平台双元性的支持性要素。最后，在实现平台双元性的过程中还应充分地考虑企业规模和环境动荡性的特点。丰富并发展了企业平台双元性的相关理论[5,6]，为企业管理者提供了实现平台双元性的具体建议和措施。第 5 章为电子商务平台吸附能力的影响因素研究，研究结果显示平台柔性、正式控制和关系控制均显著地影响电子商务平台吸附能力；另外，平台柔性和正式控制对电子商务平台吸附能力的形成存在替代效应，平台柔性和关系控制对电子商务平台吸附能力的形成存在互补效应，正式控制和关系控制对电子商务平台吸附能力也存在互补效应。本书对于模块系统理论和控制机制的应用情景进行了扩展与延伸[7,8]，研究发现也为电子商务平台的管理者提供了有益的建议。

3）关于企业电子商务平台运营的价值创造研究

包括两章（第 6 章和第 7 章）。其中，第 6 章从信息技术双元性视角研究企业电子商务价值创造过程，结果证实了电子商务双元战略对电子商务双元能力的正向作用，以及电子商务双元能力在电子商务双元战略和竞争绩效之间的部分中介作用。此外，发现了契约治理正向调节电子商务双元战略和电子商务双元能力之间的正向相关关系，同时也正向调节电子商务双元战略和竞争绩效之间的正向相关关系，并且这种正向作用主要通过电子商务双元能力的中介作用影响竞争绩效。还发现关系治理正向调节电子商务双元战略和电子商务双元能力之间的正向相关关系，而关系治理对电子商务双元战略和竞争绩效之间的关系不存在调节作用，并且对电子商务双元战略的调节效应也不通过电子商务双元能力的中介作用影响竞争绩效。研究的理论贡献在于构建了数字化情景下体现 IT 双元性的电子商务价值创造模型[9]，实践贡献在于为传统企业在数字化情景下如何利用电子商务双元能力和 IT 治理获取价值提供现实指导。第 7 章从情境双元理论出发研究合作电子商务价值创造。本章结果表明，相比关系治理，作为硬性情境因素的正式治理更利于电子商务整合能力的形成；相比正式治理，作为软性情境因素的关系治理更利于电子商务适应能力的形成。此外，电子商务双元能力能够同时兼顾并影响短期和长期企业绩效。另外，验证了合作环境动荡性在企业间 IT 治理和电子商务双元能力之间的正向调节作用。还发现了合作环境动荡性在电子商务双元能力对价值驱动过程中的差异化调节作用，即合作环境动荡性正向调节电子商务适应能力和企业绩效的关系，但合作环境动荡性在电子商务整合能力和企业绩效之间的调节作用不显著。研究结果扩展了情境双元理论在信息系统领域的应用[6,9]，丰富了企业间合作电子商务领域的研究视角，对业界和学术界均有重要的指导意义。

表 8.1 总结了每一章的主要研究贡献和管理启示。

表 8.1 本书章节主要研究贡献和管理启示总结

篇章		主要研究贡献和管理启示
第一篇 战略部署	【第 2 章】 EB 战略联盟的影响机理	该章扩展了 IT/IS 战略联盟的研究,同时也为企业管理者从战略和管理层面如何构建企业间合作电子商务能力提供了具体的指导建议
	【第 3 章】 数字商务战略剖面的影响	该章对我国企业管理者如何制定有效的数字商务战略,进而实现动态能力和即兴能力具有一定的理论意义与现实启示
第二篇 能力重构	【第 4 章】 平台双元性的实现	该章丰富并发展了企业平台双元性的相关理论,为企业管理者提供了如何实现平台双元性的具体建议和措施
	【第 5 章】 电子商务平台吸附能力的影响因素研究	该章对于模块系统理论和控制机制的应用情景进行了扩展与延伸,研究发现也为电子商务平台的管理者提供了有益的建议
第三篇 价值创造	【第 6 章】 基于 IT 双元性视角的企业电子商务价值创造	该章研究的理论贡献在于构建了数字化情景下体现 IT 双元性的电子商务价值创造模型,实践贡献在于为传统企业在数字化情景下如何利用电子商务双元能力和 IT 治理获取价值提供现实指导
	【第 7 章】 基于情境双元的合作电子商务价值创造	该章研究结果扩展了情境双元理论在信息系统领域的应用,丰富了企业间合作电子商务领域的研究视角,对业界和学术界均有重要的指导意义

8.2 研 究 展 望

本书试图回答,在平台变革时代传统企业如何在战略部署、能力重构与价值创造等方面实现有效的平台运营管理活动。通过对 200 多家企业跟踪研究调查,并结合部分公开数据(如企业财务报表、市场化指数等),实证研究揭示了中国传统制造和服务企业如何在电子商务平台的新环境中创造企业绩效和获取竞争优势的新机制。然而,由于作者学术水平有限,加之电子商务平台的研究处于快速发展和变化之中,本书还有些不足需要进一步探索。首先,随着平台理论的日益成熟,今后研究可以考虑纳入一些新的平台理论和观点[10,11],例如,平台竞争的红皇后效应(red queen effect)[12]、平台的共同演化[12],以及自治和整合的平衡[13]。然后,在研究方法上,也可以增加典型平台的案例研究,也可以通过计量经济方法对收集的平台运营数据进行计量分析。最后,由于电子商务平台参与主体众多,交互复杂多样,今后可以考虑引入复杂适应系统(complex adaptive system,CAS)[14]对这种多主体的运营管理进行深入研究。

参 考 文 献

[1] Tallon P P. A process-oriented perspective on the alignment of information technology and business strategy [J]. Journal of Management Information Systems, 2007, 24(3): 227-268.

[2] Tallon P P, Pinsonneault A. Competing perspectives on the link between strategic information technology alignment and organizational agility: Insights from a mediation model [J]. MIS Quarterly, 2011, 35(2): 463-486.

[3] Pavlou P A, El Sawy O A. The "Third Hand": IT-enabled competitive advantage in turbulence through improvisational capabilities [J]. Information Systems Research, 2010, 21(3): 443-471.

[4] Tallon P P, Queiroz M, Coltman T, et al. Business process and information technology alignment: Construct conceptualization, empirical illustration, and directions for future research [J]. Journal of the Association for Information Systems, 2016, 17(9): 563-589.

[5] Raisch S, Birkinshaw J. Organizational ambidexterity: Antecedents, outcomes, and moderators [J]. Journal of Management, 2008, 34(3): 375-409.

[6] Gibson C B, Birkinshaw J. The antecedents, consequences, and mediating role of organizational ambidexterity [J]. Academy of Management Journal, 2004, 47(2): 209-226.

[7] Tiwana A, Konsynski B, Bush A A. Platform evolution: Coevolution of platform architecture, governance, and environmental dynamics [J]. Information Systems Research, 2010, 21(4): 675-687.

[8] Tiwana A. Evolutionary competition in platform ecosystems [J]. Information Systems Research, 2015, 26(2): 266-281.

[9] Im G, Rai A. IT-enabled coordination for ambidextrous interorganizational relationships [J]. Information Systems Research, 2014, 25(1): 72-92.

[10] Constantinides P, Henfridsson O, Parker G G. Introduction-Platforms and infrastructures in the digital age [J]. Information Systems Research, 2018, 29(2): 381-400.

[11] McIntyre D P, Srinivasan A. Networks, platforms, and strategy: Emerging views and next steps [J]. Strategic Management Journal, 2017, 38(1): 141-160.

[12] Tiwana A. Platform Ecosystems: Aligning Architecture, Governance, and Strategy [M]. Amsterdam:Elsevier Inc., 2014.

[13] Parker G G, van Alstyne M W, Choudary S P. Platform Revolution: How Networked Markets are Transforming the Economy and How to Make Them Work for You [M]. New York: W.W. Norton and Company, 2016.

[14] Nan N, Tanriverdi H. Unifying the role of IT hyperturbulence and competitive advantage via a multilevel perspective of IS strategy [J]. MIS Quarterly, 2017, 41(3): 937-958.